让 我 们 一 起 追 寻

AGAINST ELECTIONS (FRENCH VERSION:CONTRE LES ELECTIONS) (DUTCH

VERSION: TEGEN VERKIEZINGEN)

By DAVID VAN REYBROUCK

Copyright: DAVID VAN REYBROUCK, 2013

This edition arranged with De Bezige Bij

through BIG APPLE AGENCY, INC., LABUAN, MALAYSIA.

Simplified Chinese edition copyright:

2018 SOCIAL SCIENCES ACADEMIC PRESS (CHINA), CASS

〔比利时〕达维德·范雷布鲁克　著

甘欢　译

CONTRE
LES
ELECTIONS

反对选举

David Van Reybrouck

社会科学文献出版社
SOCIAL SCIENCES ACADEMIC PRESS (CHINA)

英国人自以为是自由的，他们是大错特错了，他们只有在选举国会议员的期间，才是自由的，议员一旦选出，他们就是奴隶，他们就等于零。

　　　　　　　　　　——卢梭《社会契约论》

目　录

第一章　症状

狂热与怀疑：民主的悖论

人们对民主的态度甚是古怪：每个人似乎都心生向往，但无人再对它心存信任，尽管国际统计数据向我们表明，越来越多的公民自称拥护民主。数年前，大型国际研究项目"世界价值观调查"（World Values Survey）对来自57个国家的73000多人展开了调查，这些国家的人口数量占全球人口的近85%。当被问及是否认为民主是治理国家的良策时，不少于91.6%的调查对象做出了肯定回答。[1]全世界赞成民主思想的人口比例从未如此之高。

如此高昂的热情真是令人不可思议，尤其考虑到不到七十年前，民主制度还是"一片狼藉"。在经历了法西斯主义及殖民主义之后，全球在第二次世界大战结束之际仅有 12 个名副其实的民主制国家。[2] 不过，在民主制国家的计数器上，指针开始缓慢地往上爬：到 1972 年时，共有 44 个自由民主制国家；[3] 到 1993 年时则高达 72 个；时至今日，全球 195 个国家中有 117 个以选举程序为基的民主制国家，而其中的 90% 可以说是实践意义上的自由主义国家。纵观历史，民主制国家的数量从未如此之多，对这种政府形式的呼声也从未如此之高。[4]

然而，人民对民主的狂热出现了降温趋势。这项"世界价值观调查"还表明，在过去十年中全世界都在热烈呼唤"不必因议会或选举之事而费尽心思"的强大领导者的出现，而与此同时，公民对议会、政府和政党的信任度已降至历史冰点。[5] 人们似乎青睐民主这一思想，但不喜欢已被付诸实践的民主，或者说至少不喜欢当前的民主实践。

这一逆转在一定程度上因新成立的民主制国家而发生。在柏林墙倒塌二十年后，原东欧集团的多个国家发生了严重的希望幻灭。"阿拉伯之春"似乎并没有宣告一个民主之夏的到来，而且即使在那些执行了选举程序的国家（突尼斯、埃及），许多人都看到了新政体的阴暗一面。那些第一次经历民主制的人发现，现实中的民主并不完美，因而感到失望至极，尤其当他们发现尽管他们的国家推行了民主制，但暴力与腐败仍然横行，经济衰退也未能避免时。

但还有其他缘由。甚至坚定的民主派也越来越频繁地处于矛盾之中，时而看到民主制的魅力无限，时而对其持否定态度。在欧洲，这一矛盾最为突出。虽然欧洲的民主思想源远流长，且享有广泛的群众支持，但人们对民主制度各个机构的信任度正在显著下降。在 2012 年，欧盟的官方民意调查机构"欧洲晴雨表"（Eurobarometer）指出，只有 33% 的欧洲人仍对欧盟怀有信心（2004 年时这个数字是 50%），而仍信任自己国家的议会和政府的公民比例甚至更低，分别是 28% 和 27%。[6] 如今，对于自己身处的政府机构，三分之二乃至四分之三的人都表现出不信任的态度。尽管保持一定的怀疑精神是有批判能力的公民最起码的义务，但我们可以思考：这种怀疑可以发展到什么地步？到了何种程度，健康的怀疑将会变成真正的厌恶？

近来的调查数据极好地反映了欧洲公民的普遍怀疑态度。他们所怀疑的，不仅仅是严格意义上的政府机构，还有包括邮政系统、医疗系统、铁路系统在内的其他公共部门。就广义的政治信任而言，针对政府的信任不过是其中一项。而在民主制度下的各种机构中，各个政党面临的信任危机显而易见最为严重：以 10 分为总分，欧洲公民给各政党的评分平均值为 3.9 分，然后从低到高依次才是政府（4 分）、议会（4.2 分）和媒体（4.3 分）。[7]

然而，不信任是相互的。荷兰研究员彼得·坎内（Peter Kanne）调查了海牙政党代表对荷兰社会的看法，并于最近公布了一些值得重视的数据。87% 的荷兰政府精英自视崇尚自由、具有国际视野的革新者；而他们中的 89% 又认为，民众的思想偏传统主义、民族主义和保守主义。[8] 所以绝大部分政客总是认为公民的价值观与他们的相左、上不了台面。我们完全有理由认为，同样的数据也存在于其他欧洲国家。

不过我们还是说回公民。对于公民的不信任，最常用的一个解释是淡漠。个体化和消费主义似乎抑制了公民批判性的参政能力，他们对民主的信念因而不再强烈。如今，一旦涉及政治，人们就会漠然、愁苦、变化不定，还会转移话题。所以才有人说"公民'退场'了"。事实并非全然如此。当然，很多人对政治的确兴趣有限，且这类人历来都占很大比例。那就不能说近来公民对政治兴趣减淡了。研究表明，他们的政治热忱反倒升温：较之以往，如今人们与朋友、家人、同事谈论政治的频率增高。[9]

由此看来，民众对政治的态度并非一边倒的淡漠。但这样就能安心吗？还有待观察。如果在一个时代，公民的政治热忱逐渐增强而对政界的信任度一再跑低，那么这个时代在某些方面必然是紧张的。事实上，公民眼见执政者在执政的道路上离自己所想越来越远，而且对公民眼中政府不可推卸之责任，政府都置若罔闻，因而鸿沟只能越来越大。这就引起了一种失落。当越来越多的公民满怀激情地关注当权者的所作所为却又对他们越来越不信任时，这种情况会给国家的稳定造成怎样的影响？一个政体可以承载多少嘲讽的目光？而在一个所有人都可以通过互联网表达并分享自我情绪的时代，难道嘲讽的目光就只会是目光？

我们所处的世界与1960年代截然相反。在1960年代，一个普通的村妇可以毫不关心政治，却同时表现出对民主的绝对信任。[10]社会学研究显示，这种信任普遍存在，是很多西欧国家的共性。所以那时的箴言是：淡漠并信任。而今天我们说：狂热并怀疑。我们活在一个躁动的时期。

合法性的危机：支持率下滑

不管是民主制、贵族制、寡头制、独裁制，还是专制主义、集权主义、绝对主义、无政府主义，一切政治制度都应该在效率和合法性这两个基本指标之间达成平衡。"效率"要解决的问题是：若出现新问题，政府要多长时间才能提出切实可行的解决办法？"合法性"须回答的则是：公民在多大程度上会赞同这些解决办法？他们在何种程度上会认可政府的权威？效率与活力相对应，合法性则与公民对公共活动的支持有关。这两个标准通常是成反比的：毫无疑问，专制（由一个人来做出决策，其他人无权干涉）是最具效率的政府形式，但几乎不能享有持久的合法性；而如果国家的任何决定都会经由全体人民无休止的商议讨论，那么政府无疑会获得民众的极大认同，但其活力肯定不强。

说民主制是最不糟糕的政府组织形式，其实正是因为它千方百计地同时满足这两个标准，每个民主制国家都力图在合法性和效率之间达成健康的平衡。人们有时指责政府合法性不够，有时又攻讦其效率不高，民主制却可以实现平衡状态，就像甲板上的船长一样：他会根据横摇幅值来确定将重心放在哪只脚上。然而现在，西方的民主陷入了合法性和效率的双重危机之中，这一情形颇为反常。我们面对的不仅是汹涌的大海，还是一场狂风暴雨。为弄清缘由，我们应该重视那些之前较少关注的数据。倘若执着于每一次民调或每一场选举结果的波纹涟漪，我们就会忽略大局，无法看到巨大的洋流，也看不到天气的变化。

本书研究的重点在于多个国家的国家政府。当然还存在地方（locaux）、区域（régionaux）和超国家（supranationaux）这三个层面的政府形式。三个层面相互影响又各有活力，但从国家层面对代议民主制的健康状况进行广泛的调查研究是最合适的。

民主的合法性危机主要体现为以下三种确定无疑的症状。第一个症状是，人们越来越不愿意放下手上的工作去投票。在 1960 年代，95% 以上的欧洲人会参与选举。至 1990 年代，这个比例降至不到 79%。在 21 世纪的头十年，投出选票的欧洲人占比竟然跌至 77% 以下，达到二战以来的最低水平。[11] 这些数据表明，有几百万欧洲人不愿参与投票。如此下去，很快就会有四分之一的选民不参加选举。美国的形势更为严峻：在总统选举时投票率还不到 60%，而在中期选举时甚至低至 40%。弃票正成为西方最重要的政治运动，尽管我们对此闻所未闻。在比利时，弃票比例相当低，因为公民必须投票（在过去十年中，弃票率平均为 10% 左右），不过这个数字也在不断增长：从 1971 年的 4.91% 增长至 2010 年的 10.78%。[12]比利时 2012 年的地方议会选举尽管有媒体的大力造势，其选民参与度却是最近四十年来的最低水平。在安特卫普和奥斯坦德等城市，弃票率高达 15%。[13]安特卫普的弃票率如此之高确实令人大跌眼镜，因为关于"市长"一职选举斗争的报道已经霸占了比利时媒体好几个月。在 2012 年 9 月荷兰立法选举期间，不少于 26% 的选民连大门都不出；[14]而在 1967 年，弃票率仅为 7%。[15]如果公民不愿再参与民主运转的基本程序——投票，就表明民主制度的合法性出现了严重问题。有鉴于此，人们还可以宣称议会代表人民吗？在整整四年里，不该有四分之一的议席空缺吗？

第二个症状是，选民们不但弃票，还立场不坚定。参与投票的欧洲选民越来越少，而且他们在投票时变得越来越不谨慎稳重。参与投票的人或许仍然认可民主制度下这一程序的合法性，但不像以往那样对同一个政党始终支持。代表选民的政府机构只得到了选民们一时的支持。面对"选民蒸发"，政客们发表了自己的观点，他们指出，这种蒸发自 1990 年代以来急剧加速，投票率变化 10%、20% 乃至 30% 已是司空见惯，导致党派立场不坚定的选民控制了局面，政治地震日益频繁。前不久，有人概括道："21 世纪以来的选举进一步印证了这种趋势。选民对极右派的支持率时而猛涨（2002 年在荷兰），时而骤减（2002 年在奥地利），于是出现了西欧历史上最不稳定的选举结果，投票率的变化幅度在奥地利、比利时、荷兰和瑞典这四个国家再破历史纪录。"[16]

第三个症状是，政党成员越来越少。在欧盟成员中，仅有 4.65% 的选民仍是党派人士。[17]这是欧盟国家的平均数。在比利时，5.5% 的选民仍是政党成员（1980 年时为 9%）；而在荷兰，这个数据已降至 2.5%（1980 年时为 4.3%）。这种下滑存在于欧盟各国。最近的科学研究认为这种现象"相当惊人"，研究员们对此进行了系统性分析，并总结道："在极端情况下（如在奥地利、挪威），政党成员减少了 10% 以上；而在一般情况下，这一数字大约为 5%。从数字看，所有国家

（除了葡萄牙、西班牙和希腊这些直到 1970 年代才实行民主制的国家）都经历了长期的大幅下降。在公民加入政党的人数方面，英国、法国和意大利减少了 100 万人甚至更多，德国减少了 50 万人，而奥地利和德国不相上下。在英国、挪威和法国，自 1980 年以来有一半以上的人退党，而瑞典、爱尔兰、瑞士和芬兰有将近一半。这些惊人的数字表明，政党的本质和意义都发生了根本性的改变。"[18]

政党在民主制度中举足轻重，但如果加入政党的人越来越少，这会给民主的合法性造成何种后果？政党是欧洲最不受信任的机构这一事实会造成何种影响？此外，政党领导人很少因此寝食难安，为何会出现这样的情况？

效率的危机：活力下降

民主制度的合法性陷入了危机，其效率也面临问题。几近明了的各种各样的缺陷都表明，要进行有效的政府管理越来越困难。议会有时需要十五年才能通过一条法律；要组建政府更是困难重重，就算组织起了政府，它也时常不太稳固，任期满后，选民对其的抨击经常会越来越猛烈。虽说投票率一再跑低，但选举时常限制了政府的效率。我再来说一说那三条症状。

第一，组建政府所需的协商时间越来越长，尤其在多党制国家。在 2010 年 6 月的选举之后，比利时长达一年半没有政府，这打破了历史纪录。比利时绝非孤例，意大利和希腊也出现过类似情形，在近几次投票后，两国都历尽艰辛才组建了政府团队。甚至在荷兰，形势同样错综复杂。二战后，在组建荷兰政府的谈判中，有 9 场持续时间超过八十天，而其中有 5 场发生在 1994 年以后。[19] 原因自然是多种多样的。其中之一是，组建政府机构涉及的协约越来越长，且力图事无巨细。这是一个了不起的变化，尤其考虑到所需时长变得前所未有地难以预测，而且对于急迫的需求必须灵活地予以回应。然而，执政联盟的伙伴变得互不信任，选民可能施加的"惩罚"让政府深感惧怕与不安，所以，政府成立后所需的方方面面的政策显然应该提前就制定好。每个政党都希望达成最好的协约，希望提前夯实尽可能牢固的基础，关键在于达成目标，尽可能完全地落实政党的计划。如此一来，谈判当然就没完没了了。

第二，政党不得不承受越来越严重的攻击。虽说代议制政府的比较还只是一个十分年轻的研究领域，但已取得相当震撼的研究成果，而针对欧洲选举的"回报"的研究更是如此。在接下来的选举中，政党将面临何种命运呢？在 20 世纪五六十年代，曾经当选的党派会失去 1% ~ 1.5% 的支持率；在 1970 年代，失去的是 2%；在 1980 年代，失去的是 6%；而自进入 21 世纪以来，这一比例高达 8% 或者更高。在芬兰、荷兰和爱尔兰的最近一次选举中，当权的政党丧失的支持率分别为 11%、15% 和 27%。[20]既然行使权力得付出如此高昂的代价，谁还想要积极地管理国家呢？从目前形势看，无所作为才是理性的，尤其是当这样做不会影响政党的资金来源时（如在国家会提供资金的政治制度中）。

第三，政府的效率越来越低下。浩大的基础建设工程，如阿姆斯特丹的南北地铁路线、斯图加特的新火车站、安特卫普的环城大道、南特的国际机场项目，都开展得举步维艰，或者直接就陷入瘫痪。由于欧洲有了数十个地方企业和跨国企业，所以政府部门大受限制，威信和权力大不如从前。在以前，这些项目是国家在技术型事业上的壮举，因而树立了国家的威信；可现在，它们就是政府的一场噩梦。政府曾经修建须德海（Zuiderzee）拦海大坝，治理莱茵河和马斯河三角洲，还建成了高速火车系统和英法海底隧道，不过那样的光荣时代已经一去不复返。但政府如果连凿条隧道或建座大桥都不行，那还能做什么呢？它能够做到的事情实在是少之又少，因为不管做什么，由于受到国债、欧洲立法、美国评价机构、跨国企业以及国际条例的钳制，政府时常会感到束手束脚、无法行动。在21世纪初，曾经作为民族国家根基的主权成了一个相对性概念。所以，政府没有能力迎接我们这个时代的气候变化、银行危机、欧元危机、经济危机、避税天堂、移民、人口过剩等重大挑战。

我们现在的关键词是"无能为力"：公民面对政府部门感到无能为力，政府部门面对欧洲感到无能为力，欧洲面对世界感到无能为力。人们从每个等级往下面看时，看到的都是一团糟，心里充满蔑视，然后怀着绝望和愤怒，而非希望和信任，不再把目光往高处看。今天的权力等级就是一道梯子，上面挤满了互相谩骂之人。

政治以前一直都是可能的艺术，但现在它是微观艺术。它不能解决结构性问题，导致媒体疯狂助长对边角之事的过度曝光；媒体按照市场逻辑，把夸大无谓的冲突而不是为现实问题提供卓识当作首要任务，尤其是在新闻媒体行业的低迷期。换言之，媒体一时的关注焦点空前地控制着局面。荷兰的议会近来对这个问题很感兴趣。议会的自我反省委员会撰写的报告显示了一定的洞见：

> 为了赢得接下来的选举，政客一直想要获得分数。日益商业化的媒体随时愿意为他们提供阵地，这让三个部门（政府、媒体和企业）在实力较量中互相钳制，这个百慕大三角以一些神秘的方式把每件事都拉进来，而谁都摸不着头脑，弄不清其中缘由……政治与媒体的相互作用似乎确实是创造越来越多政治偶发性（incidentalism）的一个重要因素。新闻就是媒体的食粮。在与记者的谈话中我们注意到，比起同时进行的高水准辩论，一些小插曲更容易吸引媒体的眼球。[21]

偶发性这个新词非常有用，数据则让我们毫无疑虑。近些年来，在荷兰的议会中，无论是口头还是书面提问，无论是提交的议案还是紧急的辩论，都在大幅增长；与此同时，荷兰电视台的政治脱口秀节目的数量也大大增加，因为一旦摄像机被打开，任何一个名副其实的议员都需要得分。在这个报告中，一位受访人指出："议员们'很惊讶'，'很震惊'，'非常不满'。在 19 世纪时，年迈的法学家在下议院或许比比皆是，在当下则是寥若晨星。"[22]

如果官员们不想治理国家而只想提升公共形象，如果对选举的热情成了一种慢性疾病，如果妥协总是被当作背叛，如果党派政治经常引起蔑视，如果行使权力必然会导致严重的选举惩罚，那么年轻的理想主义者怎么还会想要进入政坛呢？议会面临着贫血的危险，它越来越难吸引到斗志昂扬的新人（效率危机的第二条症状）。政客这一职业正经受着和教员相同的命运：教员以前可以说是德高望重，如今却一文不值。一本为政府招贤纳士的小册子使用了一个极具揭示性意义的题目：找到并留住人才。[23]

然而，留住政治人才并非易事，因为相比以往，政治才干的耗费变得更加迅速。欧洲理事会主席赫尔曼·范龙佩（Herman Van Rompuy）近来就这一话题发表了言论："我们实行的民主制度以惊人的速度'磨损'着我们。我们应当注意的是，民主本身并不会衰竭。"[24]

以上就是民主制的效率面临的主要危机。民主的锐气渐渐消弭，但是令人不解的是，它同时又越来越热闹。政客们不会躲到墙角嘟嘟囔囔，为自己的无能为力备感耻辱，为自己的行动范围有限而心有惭愧；相反，他们会——甚至是应该——向公众宣传自己的德行（选举和媒体没有给予他们选择的余地），同时还要紧握拳头、双腿站直、张大嘴巴，因为摆出这样的姿势能传达出力量感，对他们大有裨益，至少他们自己是这么认为的。他们没有羞愧地承认权力的平衡状态已被打破，或去寻找有效的政府组织新形式，而是不顾他们自己和公民的利益，继续玩着媒体－选举的游戏。公民受够了这种演出：这种夸张、做作的歇斯底里并不能从根本上重建公民对民主制的信任。民主制的效率也出现了危机，对合法性的危机而言这无异于雪上加霜。

分析完以上种种，我们就可以得出结论了。西方民主制度的症状既繁多又含混，但如果我们罗列出弃票论、选举的不稳定性、政党的人员流失、管理上的无能、政治瘫痪、害怕选举失败、人才招揽的欠缺、强迫性的自我推销、持久的选举热忱、让人筋疲力尽的媒体压力、质疑、淡漠以及其他根深蒂固的恶习，症候的轮廓就能明晰可辨，这就是"民主疲劳综合征"。针对这一疾病的系统性研究尚未展开，但无可否认的是，不少西方民主制国家已罹患此病。我们现在就来审视已确定的诊断吧！

第二章　诊断

　　根据对"民主疲劳综合征"的分析，我们可以做出四种诊断：政客的过错、民主制的过错、代议民主制的过错，以及一种特殊的变体——选举代议民主制（la démocratie représentative élective）的过错。接下来我将逐一探讨它们。

政客的过错：民粹主义

　　政客都是野心家、匪徒、寄生虫；政客都是牟取暴利者；政客脱离了普通民众；没有他们，我们会生活得更好。这些指控我们很是熟悉；民粹主义者每天都在使用它们。根据他们的诊断，民主制的危机首先是政客的个人危机。现在的统治者们都是民主精英，这一阶层完全不了解平头百姓之需求与疾苦。因此，民主陷入危机纯属意料之中。

在欧洲，说这些话的有经验丰富的领导人，如西尔维奥·贝卢斯科尼（Silvio Berlusconi）、海尔特·威尔德斯（Geert Wilders）、玛丽娜·勒庞（Marine Le Pen），也有新近上台的领导人，如奈杰尔·法拉奇（Nigel Farage）、毕普·格里罗（Beppe Grillo）；一些政党也这么说，如更好的匈牙利运动（Jobbik）、正统芬兰人党（The True Finns）、金色黎明党（Golden Dawn）。在他们看来，治愈"民主疲劳综合征"并不困难：更好地代表民众，或选出更多民众出身的人民代表，他们的民粹主义政党最好还可以获得更多选票。民粹主义政党的领导人常以"人民的直接代言人""底层民众的传声筒""常识的化身"自居。他们声称自己不同于其他党派的领导人，与大街上的男男女女关系密切。公民们怎么想，他们就会怎么做，对领导者的责任，他们从不推卸。所以他们说：民粹主义政党的政客与人民血肉相连。

我们深知，以上说法都是很成问题的，因为并不存在一个整体的"人民"（每个社会都有其多样性），也不存在什么"民族直觉"，而常识是人们所能想到的意识形态意味最强的东西。常识矢口否认自己的意识形态意味，就好比一个动物园打心底里认为自己还是一片原始土地。认为存在一种领导者，他（她）可以某种有机方式与民众打成一片，拥有和民众一样的价值观，并能意识到他们时时变化的需求，这与其说是一种政治观点，不如说是在走向神秘主义——并不存在什么深层次的问题，不过是些营销技巧罢了。

民粹主义者就是政治企业家，他们努力获得尽可能多的市场份额，在必要时还会空口许诺以迎合民众。他们如果获得权力，会如何对待那些与之意见相左的人，我们还不太清楚，因为民主将权力赋予多数人且尊重少数人——否则，民主就成了臭名昭著的"多数人暴政"。

因此，对于身体抱恙的民主，民粹主义并非一剂良药。但原因并不在于药方不好，抑或诊断没有找到病根。[25]我们的人民代表确实面临合法性问题，在这一点上，民粹主义者没有信口雌黄。受过高等教育者在议员中占绝大多数，所以别人完全可以说我们的民主是"文凭民主"（une démocratie diplômée）。[26]与此同时，议员的招募也存在问题。社会学家 J. A. A. 凡·多伦（J. A. A. van Doorn）指出，在以前，议员们当选是"因为他们代表了社会的某些方面"，而如今，我们发现越来越多的议员是"职业政客"，甚至民粹主义政客也不例外："他们大多是经验不够丰富但雄心勃勃的年轻人。他们将代表社会的某些方面，因为人民选出了他们。"[27]现在人们倾向于将议员看作一项有趣的事业，一份有时子承父业的全职工作，而不是一项时长只有短短几年的针对社会大众的服务。这种看法也是有问题的。佛兰德斯已经出现了几个"民主王朝"（dynastie démocratique）：德克罗（De Croo）、德古奇（De Gucht）、德克拉克（De Clercq）、万·登·博什（Van den Bossche）和托贝克（Tobback）这几个家族的第二代已经掌权。一个著名的姓氏可以加快进入议会的步伐，一位已卸任的高官曾私下这样跟我说："其中一些人如果换一个姓名，就甚至连地方议会的席位都够不着。"

我认为，将民粹主义当作一种反政治形式而不予理会，这从学术上讲是有失偏颇的。民粹主义是进一步加强代表的合法性，进而消除民主危机的最好尝试。民粹主义者们提出实施一次简单而重大的手术，以治愈"民主疲劳综合征"：换血，尽可能彻底地换血，其他问题就将迎刃而解。反对者认为这并不能使决策高效化，并质疑说即使换一些人，政府也不会有所改善。他们认为，问题不在于执行民主制的官员，而在于民主制本身。

民主制的过错：技术专家治国

民主决策往往既耗时又复杂，这让人们对民主制本身的某些方面提出了质疑。例如，面对欧元危机带来的巨大而紧迫的挑战，人们开始寻求效率更高的制度。于是，技术专家治国被看作一条康庄大道。在这一制度中，人们将维护公共利益的职责交给专家，因为专家的技术知识可让国家走出现在的困境。技术专家取代政客成为国家的"经理"：他们无须因选举而患得患失，可以高瞻远瞩地计划筹谋，并采取一些不得民心的措施。于他们而言，推行何种政策是一个"市政工程"，属于"管理问题"。

人们通常认为，主张技术专家治国论者都是希望看到国家取得进步的精英阶级。民粹主义是人民的，技术专家治国是精英的，真是如此吗？此言差矣！美国的一项研究表明，公民已经准备好把权力赋予那些并非选举产生的专家或企业家（他们这么做并不是出于慷慨大方）。极具影响的《隐形民主》（*Stealth Democracy*）一书这样写道："人民更愿意把权力赋予一个不想要权力的人，而不是一个渴望权力的人。"大多数公民希望民主像隐形战斗机一样隐形而高效。"在他们看来，功成名就的企业家、独立自主的专家尽管缺乏同情心，却很有才干，可以胜任管理国家的工作，又对权力无动于衷。于大部分人而言，这样足矣，比起现在议会中的代表，他们至少已经有过之而无不及了。"[28]

技术专家治国论的话语部分借鉴了 1990 年代的"后政治"（postpolitique）思想。那时人们倡导"第三条道路"、"新中间路线"和共同执政，认为意识形态上的分歧已是明日黄花。斗争了几十年后，左派和右派又手牵手大步向前了。人们说，解决办法还是有的，只要将其付诸实践就行；重点是要实行"良好的治理"。意识形态之争让位于"蒂娜"（tina）原则，也就是"别无选择"（there is no alternative）。自此，技术专家治国论的基石就算奠定了。

希腊、意大利等国的技术专家治国风向最为引人注目。这些国家近年来不经由选举就确定了领导人。例如，2011 年 10 月 11 日至 2012 年 5 月 17 日，卢卡斯·帕帕季莫斯（Loukas Papadimos）补任希腊总理；2011 年 10 月 16 日至 2012 年 12 月 21 日，马里奥·蒙蒂（Mario Montif）担任意大利总理。在危急时刻，公民看中的是他们在经济、金融领域的专业能力（前一位是银行家，后一位是大学里的经济学教授）。

其他机构也施行了技术专家治国这一策略，不过没这么醒目。近些年来，国会的相当一部分权力已转移到了欧洲中央银行、欧洲委员会、世界银行、国际货币基金组织等跨国机构。它们也并非经由民主选举而来，因而体现了决策过程中更为广泛的专家治国现象，即银行家、经济学家、货币分析员已涉足权力杠杆。

技术专家治国论的推行范围并不止于国际组织。每个现代民族国家都在一定程度上推行技术专家治国论，它们撤销了民主空间中的一些权力，然后将其赋予其他机构，例如中央银行和宪法法院的权力都大大扩张了。看起来当局认为明智的做法是，使政府中的一些重要工作（如货币监管、合宪性审查）脱离党派政治的魔爪，从而使赢得选举的可能性无法计算。

技术专家治国不好吗？毋庸置疑，这一制度会带来漂亮的结果：中国的经济奇迹就是最好的佐证。[①] 像马里奥·蒙蒂那样的国家领导人无疑是公共事务的优秀管理者，而西尔维奥·贝卢斯科尼们永远无法望其项背。提高效率并不一定会导致合法性的丧失。但一旦政府缩减开支，民众对技术人才的信任就会消失殆尽，如同积雪见了太阳一般。在 2013 年 2 月的总统大选中，马里奥·蒙蒂的支持率仅为 10%。

避讳技术专家治国没有任何意义，因为国家在起步之初总会经历技术专家治国的阶段。1958 年戴高乐的法兰西第五共和国是这样，2008 年的科索沃亦是如此，因为一个国家在诞生之初，往往面临民主合法性不足的问题。在革命之后的过渡期，未经选举的精英人物往往会短暂地掌权。不过国家要尽快组织选举或全民公投，让信任之仪表转动起来，确立起政权的合法性。技术专家治国可以在短时间内巩固政权，但绝非长久之计。民主制不仅是民享的制度，也是民治的制度。

---

① 此处作者从技术专家治国的角度得出的关于中国经济奇迹的结论是不全面的。——译者注

技术专家的做法与民粹主义者截然不同。他们把效率而非合法性摆在首位，试图探索出一条治愈"民主疲劳综合征"的道路。他们期望这一策略卓有成效，被治理者对其赞许有加，还期望效率的提高可以立竿见影地解决合法性的问题。当然，这在短时间内可能有用，但政治不仅仅是管理好国家。早晚有一天，技术专家也会面临道德上的抉择，而这时就要与人民商议了。接踵而来的问题是：商议如何才能展开？诉诸议会，这是标准答案。但人们纷纷质疑议会的神圣性，这就把我们引向了第三个诊断。

代议民主制的过错：直接民主

2011 年 8 月 2 日，十来个人在纽约的博灵格林公园（Bowling Green Park）围坐成一圈，[29]这代表美国近年来最令人震惊的事件之一发展到高潮阶段。在过去的几个星期和几个月里，民主党与共和党在提高国债上限的问题上没有达成一致意见。[30]民主党主张向国际货币市场多借款，确保国家正常运转；而共和党要求奥巴马总统减少联邦政府花在那些最需要照顾的人身上的开支，大大降低预算，这样他们才会支持民主党的做法。共和党受到茶叶党的行动的激励，坚决不肯松口："先降低预算，然后我们就会点头。"然而民主党认为，相比对赤贫者极其严厉地削减支出，降低对富人征收的税款更为公平。所以尽管共和党如此要挟，民主党仍然不肯让步。民主党还质问道，如果美国的债务加重，这是否应归咎于在伊拉克的疯狂冒险行动（共和党曾鼓动国家对伊拉克发动战争）？

双方僵持不下。与此同时，美国政府无力偿还债务、支付工资的日子逼近了：人们计算出这一天是2011 年 8 月 2 日。这一局面让人想起自行车比赛中的"定车"：竞赛中的前两名选手在即将冲到终点时定住不动并保持平衡。假如双方都不再前行，那么后面的队伍很快就会追赶上来。一场严重的经济倒退将向美国袭来，一轮全球危机也在酝酿之中，因为作为世界第一经济体的美国一旦出现财政亏空，随之而来的崩溃将波及全球。态势紧张至极，所以中国政府向美国政府提出请求，希望后者不要走得太远：美国理当顾及自己的利益，但不能因此无视自己作为第一大国应该担负的责任。最后，民主党不得不做出让步，共和党胜出。人们感觉好像在进行 2012 年总统大选一样。

坐在博灵格林公园的那 12 个人受够了这一政治局面。这种两党之间疯狂而激烈的竞争几近影响了全球的经济，让各国陷入危机之中。在国会中，公民代表会为公共利益服务吗？抑或参议院和众议院都成了两党人士的儿童游乐场，专供他们玩些不计后果的投机游戏？公园中的参与者之一是住在纽约的希腊艺术家，[31] 她不满足于简单的抗议，提出要实施一种她在雅典见过的方法：那是一种露天的"大型集会"（assemblée générale），偶然路过之人可加入其中，在集会中发表意见。在这样一场大型集会中，一种观点受不受支持是十分清楚的，且全体成员会争取达成共识。这种民主方式既直接又平等，被证明是完全可以复制的，能够取代代议民主制。在随后的几个星期和几个月里，聚集在博灵格林公园的人越来越多。"占领华尔街"（Occupy Wall Street）运动由此爆发。

华尔街的情形和"我们是 99%"的横幅会让人以为，经济形势是民众抗议的唯一对象。事实上，之所以会发生抗议，最根本的原因是人民对代议民主制普遍不满。[32] 一位参与者是这样说的：

　　他们在国会上宣称，共同目标是为美国人民服务，但事实上，政党只关心权力斗争。我们选出来的代表……仅仅代表了某些人的观点，某些人包括两类人，分别是代表们所青睐的政党的成员以及富裕的精英人物，后者能成为代表是因为他们可以为政党的大选提供充足的资金支持——作为交换，他们就能享有优先权。"99%的人"控诉的核心是：我们的代表没有代表我们。[33]

2011 年春天，占领者们在公园露宿了几个星期，他们从开罗解放广场和马德里太阳门广场的示威游行者那里获得了启发。"大型集会"每天举行两次。这是在议会大厅之外的另一种形式的议会，是一种没有政党的政治集会。公民可以在此自由地提出自己的主张并展开讨论，而无须通过选举代表来发出自己的声音。"大型集会"是这场运动的关键，很快就发展出了一套特有的模式。最惊人的是"人肉麦克风"：由于扩音器械被禁止使用，所以一切都靠人声来传播，不借助任何科技手段，甚至在聚集了百来号人时也是如此。如果有人发言，他附近的人就重复他的话，听到的人再重述，直到他的话传到离他最远的人耳里。人们使用一系列的手势来表达自己的同意或反对，或表示他们希望发言者进一步阐明观点。这些集会没有主席，也没有派系领袖或指定发言人，至多有三五个辩论主持人，而他们的工作只是让整个过程有序进行。参与者信奉的是一种横向的交流。[34]

9 月 23 日，该运动的第一份正式文件《团结原则》(*Principles of Solidarity*) 应运而生。第一项原则直指的不是赌场资本主义、全球化、奖金文化或是银行危机，而是民主。占领者感到他们的政治权利被剥夺了，所以清单的第一条赫然写着："参加直接而透明的参与式民主"。[35]

在其他西方国家，人们效仿他们，也纷纷走上街头，以争取更好的民主。在西班牙，"愤怒者"运动 (Indignados) 已经发展得声势浩大，其标语是"现在就要真正的民主"。在雅典的宪法广场，成千上万名希腊人在议院大门前拉开横幅，高喊要推行真正的民主。抗议者们还在阿姆斯特丹证券交易所、伦敦证券交易所以及法兰克福欧洲中央银行门口搭起帐篷。在德国，"愤怒的公民"（Wutbürger）坚决抗议修建斯图加特新火车站、法兰克福在夜间起降航班、在慕尼黑机场增建第三条跑道

以及使用铁路运输核废料。Wutbürger 一词被评选为 2010
年的年度关键词。我是比利时 G1000 公民峰会①的早期成
员之一，这一组织为促进更多公民参与政治决策而战。
此外，我们都已经见识过网络上匿名者（Anonymous）②
和盗版党（le Parti des Pirates）③ 的兴起。

　　2011 年 12 月，抗议者们被《时代周刊》评选为年
度人物。不久之后，伦敦政治经济学院就欧洲突然出现
的"地下政治"展开了一项大型国际性研究，其成果
可谓意义重大：

　　　　我们研究项目的最大发现是：各种各样的抗议、
　　活动、运动、动议等有一个共同点，那就是对现行

---

① 2011 年比利时经历了长达五百多天的无政府状态，陷入了史上
　最严重的政治危机，随后 30 多名志愿者从 G20 峰会获得灵感，
　组建了 G1000 公民峰会。它随机抽取 1000 名公民，然后中选者
　就本国政治、经济和社会问题展开大讨论。——译者注
② 匿名者是全球最大的政治性黑客组织，主要分布于美国，在欧
　洲各国、非洲、南美、亚洲等地都设有分部，对大量的个人、
　组织及公司发起过严重的网络攻击。——译者注
③ 盗版党是一个在瑞典、德国、法国、美国等欧美国家兴起的激
　进的版权改革政党，专门关注版权、专利等知识产权问题。其
　发起者认为，现有的版权制度不利于数字时代的文化健康发
　展，已限制了知识被自由地用于非商业的创造性工作，所以应
　对其加以改革。——译者注

> 政体极度不满。"生气""愤怒""失望"这些词语就体现了这种沮丧之情……相比其他欧洲国家,紧缩政策对德国的影响最小……但是,德国也张贴着有关"地下政治"的惊人海报,就像其他欧洲国家一样。这是因为随着运动发展到现在阶段,人们不再满足于抗议财政紧缩政策,而是开始关心政治。[36]

显然,许多抗议者认为,之所以出现"民主疲劳综合征",是因为现行代议民主制的结构和程序都已过时。他们同意技术专家们的看法,认为民主制存在诸多缺陷,但不愿采纳其建议,以其他政体取而代之,而是一心只想改良它。可具体该怎么做呢?他们当然不赞同民粹主义者的提议,且反对招募新议员就能解决问题的观点。在他们看来,对病入膏肓的身体进行一次输血并不能达到治愈的目的。而且,他们并不像民粹主义者那样对领导者万般崇拜:对于他们来说,这条路径太过垂直,且最后会回到代议制的老路上。那么该何去何从呢?技术专家的效率对他们毫无吸引力。他们举行的会议既独特又周密,由此可以看出,他们更加重视合法性,而不是快速取得成效。

如果仔细分析"占领华尔街"运动和"愤怒者"运动，我们会大为震惊，因为它们的参与者强烈反对议会。他们在纽约高呼："我们的代表没有代表我们。"在马德里，这句话换了一种表述：

> 大部分西班牙政客并不聆听我们的心声。政客应该倾听我们的声音，让公民直接参与政治，从而让整个社会参与政治生活。而事实恰恰相反，他们只关注经济强国的专制，并且靠着我们蒸蒸日上。[37]

占领者和愤怒者对形容词情有独钟：新民主、深度民主、深刻民主、横向民主、直接民主、参与式民主、共识民主。总而言之，他们渴求的是真正的民主。在他们看来，时过境迁，议会和政党已是明日黄花。他们提出共识，否定冲突，支持协商，反对投票，倡导尊敬地聆听，抗议夸张地争吵。他们拒绝拥有领导者，但没有提出具体的请求。他们对现有运动中举起的手臂持怀疑态度，所以当愤怒者走上布鲁塞尔街头时，他们没有举起政党乃至工会的旗帜。在他们眼中，旗帜是属于议会制的。

在两次大战之间的那个时期，欧洲也如此强烈地反对过议会制，那是离本轮运动最近的一次类似运动。人们普遍认为，第一次世界大战和 1920 年代的危机都是 19 世纪资产阶级民主的产物，因而墨索里尼、希特勒、列宁这三位领导人都猛烈抨击议会制。这件事往往被今天的我们忽略，但我们想让民主重新焕发活力的探索就肇始于法西斯主义和共产主义：前者认为，若取缔议会，人民及其领导者能更好地达成共识；后者则宣称，若取缔议会，人民就能直接管理国家。然而，法西斯主义转瞬间沦为极权主义，而共产主义上下求索，努力寻求共同协商的新政府形式。从这个角度来看，取列宁之精华是有用的。在著名的《国家与革命》（1918 年）中，他提出摒弃代议制："议会专门为了愚弄'老百姓'而从事空谈。"[1] 他用一句话传达了马克思对于选举的看法，用它描绘纽约和马德里的情形仍不算过时："这就是容许被压迫者每隔几年决定一次究竟由压迫阶级中的什么人在议会里代表和镇压他们。"[2] 为了制定另一套制度，列

---

[1] 译文引自《列宁全集》第三十一卷，人民出版社，1985，第 44 页。——译者注

[2] 译文引自《列宁全集》第三十一卷，人民出版社，1985，第 84 页。——译者注

宁借鉴了 1871 年巴黎公社运动（而且"共产主义"一词就生发于此）的经验：

> 在公社用来代替资产阶级社会贪污腐败的议会的那些机构中，发表意见和讨论的自由不会流为骗局……代表机构仍然存在，然而议会制这种特殊的制度，这种立法和行政的分工，这种议员们享有的特权地位，在这里是不存在的。[①][38]

"占领华尔街"运动的支持者把祖科蒂公园（Zucotti Park）的占领者和巴黎公社做比较是无伤大雅的错误；我们大多数人都会被同情心影响。[39]但是，这场激烈反对议会制的运动对历史一无所知，且没有考虑其他可行制度，这不是战略性失误，而是全然的有勇无谋。他们真的想要现行制度彻底失败吗？如果是这样，那我们该如何谋划未来？我们拿什么保障平等和自由？我们该如何避免犯下灾难性的错误？构建一种协商模式的任务如此重大，仅仅靠

① 译文引自《列宁全集》第三十一卷，人民出版社，1985，第 45 页。——译者注

讨人喜欢、标新立异是远远不够的。伟大的法国哲学家皮埃尔·罗桑瓦隆（Pierre Rosanvallon）是研究民主制的大家，他提出了一条警告："当人们尝试进一步民主化时，他们可能会南辕北辙，走向极权主义。"[40]

斯洛文尼亚哲学家齐泽克（Slavoj Žižek）与纽约的占领者进行了对话，叫他们不要陷入自我迷恋，但完全无济于事。美国记者托马斯·弗兰克（Thomas Frank）在一篇文章中言之凿凿地说，这场运动狂热地推崇直接民主和公民的参与，让方法本身成了目的：

> 营造一种民主运动文化对于左翼运动而言至关重要，但这只是起点。然而，"占领华尔街"运动从来没有走得更远：它没有领导罢工运动，也没有堵住招聘中心的入口，甚至没有接管一位院长的办公室。对于占领者而言，横向文化代表了本次运动的最高阶段。就像抗议者们常常说的那样，"过程就是信息"。[41]

荷兰社会学家威廉·辛克尔（Willem Schinkel）补充道："从某种意义上说，本次运动是在装模作样地反抗意识形态。参与者对反抗意识形态的渴望比这场反抗意识形态的运动本身更为突出。"[42]

"占领华尔街"运动只揭示了政体的病灶，并未提出任何有效疗法。参与者对代议民主制的诊断甚是准确，提出的治疗办法却差强人意。对于"大型集会"的参与者而言，这无疑将是一次动人而愉快的体验，因为成为一个探讨事务的团体中冷静而成熟的一员是非常令人振奋的。我们对公民美德的培养永远不够，在议会和媒体不再能提供好榜样时更是如此。但不幸的是，对如何把这个过程类推到能真正产生影响的阶段，迄今为止没有人探索过。法国抵抗运动中的外交官、英雄斯特凡·埃塞勒（Stéphane Hessel）著有一本名为《愤怒吧!》的小册子，就是在这本书的启发下，运动参与者称自己为"愤怒者"。埃塞勒强调，只愤怒而不介入是不够的，真正需要做的是尝试影响政府："不是在权力的边缘，而是在其心脏地带介入。"[43]

以上我谈到了三种医治民主的方法，每种方法都是危险的：民粹主义会危及少数人，专家治国会损害多数人，而反议会制会妨害自由。

近些年来，欧洲爆发了多场运动，其参与者不满足于在权力边缘象征性地抗议，而是努力寻找"权力的心脏地带"，我们可以称他们为"新议员"。例如，2006 年诞生于瑞典的盗版党后来成为德国的第三大党;[44]荷兰的 G500 巧妙地成了荷兰的主要政党并成功打入荷兰议会;[45]毕普·格里罗领导的"五星运动"（Five Star Movement）逐渐发展为意大利第三大党。[46]

这些"新议员"倡导的运动有一个引人注目之处，那就是他们希望通过构建新的参与方式来加强代议民主制。盗版党起初是一个争取电子权利的平台，随后发展为一个希望通过直接民主来丰富民主制的政党。[47]而 G500 的 500 多位荷兰年轻人突然成了三大政党的成员，因而可以影响自己政党的宣言。后来，G500 邀请选民们用"投票破坏器"① 对选票进行战略性分组，从而使他们更加重视自己的投票权。G500 这样做的目的在于促进政党内部以及联合政府的协商讨论。尽管"五星运动"的领导者使用了民粹主义者的说辞，但他们的目标是制定新的规则并提高公民代表的代表性：代表们

---

① "投票破坏器"（Srembreker）的字面意思是"打破声音"，这个网站为公众提供了对各个政党的政治举措直接表达意见的机会。

无犯罪记录，不能终身任职，任期不得超过两届。这些都是为了打开大门，让更多公民参与政治。

这三个运动还有一个鲜明特征：它们在早期阶段发展迅猛，获得了新闻媒体的广泛关注，但公众和媒体的热情很快消退，其最初的生机与新意不出数月便烟消云散。当选为议员并不能增加被新闻媒体报道的机会。尽管你有四年的时间成长为人民的代表，但从当选之日起，你就需要立刻在电台上得分，最好是能说些好听的话，对所有过往之事烂熟于心，就好像你一生中从来没有做过任何别的事情。非职业化是可以接受的，只要不是外行。甚至在你宣布自己的计划之前，你就已经报废了，才能和理想很快就被耗尽。这些运动都没有否定议会，这点当然值得赞赏，但在今天这个感知即一切的社会，单单赢得选举是绝对不够的。

是的，代议民主制的缺陷导致了"民主疲劳综合征"，但反议会学说、新议会学说都无法扭转乾坤，因为它们的主张者没有认真研究过"代表"这一概念。反议会学说干脆就否定了代议制，新议会学说仍相信代议制；但它们都认定，在官方协商机构中，人民代表与选举是密不可分的。接下来我们就深入分析这一假设。

选举代议民主制的过错：
一种新的诊断

近年来，议员们为了加强代议民主制，恢复其昔日荣光，提出了无数提案，其中大多数指出应制定新的章程。例如，公职人员不得将公务与私事混为一谈，必须申报财产收入；政党在获得政府补助之前，应做到财务透明，遵守更严格的要求；所有人都可以查阅政府档案；等等。最后，他们提出了新的选举规章：国家选举、地方选举和欧洲选举应在同一天举行，这样可以在选举后有一个相对平静的时期，还能重新划分选区、重新思考计票方法以及扩大选民名单。他们还提出以下质疑：父母就不能代表他们的孩子投票，以表明自己的偏好吗？公民就不能同时投票给多个政党，以降低沦为"党主政治"（particracy）的风险吗？除了投票给个人外，难道就不能投票给某种政治主张（全民公投）吗？

上述所有提案都是非常有用的，有些甚至是必需的。但即使它们全都得到了充分的贯彻实施，仍不可能彻底解决问题，因为"民主疲劳综合征"的病根并不在于代议民主制，而是它的一种特殊变体——选举代议民主制，即一种通过选举产生公民代表的民主制度。接下来我将进一步阐明何为选举代议民主制。

几乎所有人都把"选举"等同于"民主"。我们深信，选出公民代表的唯一途径是投票箱。1948 年颁布的《世界人权宣言》（*Universal Declaration of Human Rights*）指出："人民的意志是政府权力的基础；这一意志应以定期和真正的选举予以表现，而选举应依据普遍和平等的投票权，并以不记名投票或相当的自由投票程序进行。""予以表现"表明了我们看待民主的方式：在谈论民主时，我们谈论的就是选举。但是，这样一份纲领性的文件——人类历史上最通用的法律文件——如此明确地指出人民的意志应以何种方式表达，这难道不耐人寻味吗？一份规定人的基本权利的简明文本（总共不到两万字）竟关注其中一项人权的具体实现，就好比关于公共健康的立法中包含一份食谱，这难道不显得奇怪吗？这让人们觉得 1948 年《世界人权宣言》的起草者们将实现权利的具体方法本身看作一项基本权利，就好像民主程序本身就是神圣的。

由此看来，"民主疲劳综合征"的根本病因在于我们全都成了"选举原教旨主义者"。我们瞧不起当选者，却又将选举奉若神明。而所谓的"选举原教旨主义"，就是坚定不移地相信：没有选举，就没有民主；当谈论民主时，选举是必要且基本的前提条件。"选举原教旨主义者"们并不把选举看作一种参与民主的方法，而是将其当作终点，认为它是一种拥有不可分割的内在价值的神圣教义。

在国际外交舞台上，人们盲目地认为投票箱是人民主权的根基，而且对此深信不疑。[48]当西方的捐赠国希望刚果、伊拉克、阿富汗、东帝汶等饱受冲突蹂躏的国家成为民主制国家时，其言下之意是，它们必须举行选举，最好是效仿西方：有投票厅、选票和投票箱，有政党、竞选运动和联合政府，还有候选人名单、投票站和密封蜡。总而言之，它们应一成不变地照搬我们的模式，随后它们就能获得资助。村民会议、传统调解手段以及古老的法律等当地民主和"初始民主"（institution proto-démocratique）不再拥有一席之地。这些制度或许也有助于实现和平的协商讨论，但如果他们不采用我们试验过的"食谱"，我们就会停止资助他们——就像西医出现后，传统医学就靠边站了。

根据西方捐赠国的介绍，民主类似于一种包装简易、随时可以发货的现成出口商品。它是一套"自由和公平选举"的宜家家具，收件人可以参考随货发出的使用说明书自己动手安装。

但如果组装完后家具无法正常使用，比如令人感到不舒适或是散架了，那该怎么办呢？这是客户自己的问题，与天南海北的制造商无关。

在政权尚不稳定的国家，选举会助长暴力、种族矛盾、犯罪、腐败等，但这无关紧要。选举未必能促进民主，甚至有可能限制或摧毁民主，但人们为了方便起见，也往往对这一点视而不见。我们坚称，不管选举有多大的连带损害，全世界所有国家的人民都该走向投票站。"选举原教旨主义"就是新一轮的全球性福音运动，选举是这种新宗教的圣事，是其必不可少的仪式，在这一仪式中，形式比内容更加重要。

这种对选举的执念相当古怪：人们从大约三千年前就开始试验民主，而通过选举来实现民主不过是最近两百年的做法，我们却认为选举是唯一有效的方式。这是为什么呢？当然，习惯使然是一个原因；但更为根本的原因是，在过去的两个世纪中选举起到了很好的作用。

虽然出现过一些不好的后果，但选举总是能让民主成为现实：人们历尽艰辛，想要在截然对立的效率和合法性之间达成可靠平衡，而选举帮助他们实现了这一愿景。

然而，我们往往忽略了一点：孕育选举的背景完全不同于今日各国的国情。"选举原教旨主义者"们缺乏历史知识，声称他们自己的教义无论如何都是适用的。他们不太了解民主制的历史，不会追本溯源，以为选举就是正统。事实上，我们非常有必要回顾历史。

当美国和法国革命的支持者提出选举是一种了解"民意"的工具之时，政党、规定普选权的法律、商业性的大众传媒等通通尚未问世，更不必说社交媒体了。选举代议民主制的构建者们完全没有料想到它们的出现。图1反映了最近两百多年来政治格局的巨大变化。

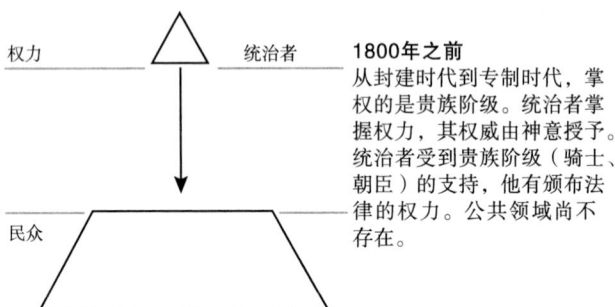

1800年之前
从封建时代到专制时代，掌权的是贵族阶级。统治者掌握权力，其权威由神意授予。统治者受到贵族阶级（骑士、朝臣）的支持，他有颁布法律的权力。公共领域尚不存在。

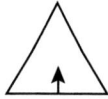

1800年

美国革命和法国大革命限制了贵族的权力，创建了选举，让人民拥有了主权。权威不再来自上层，而是来自下层。但选举权仍仅限于上层阶级。公共辩论主要在报纸上展开。

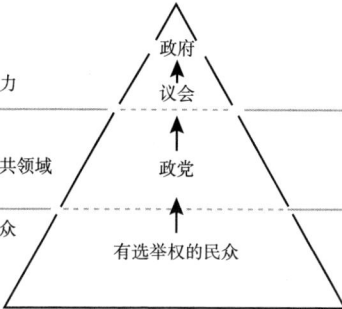

1870~1920年

两个重大转变在各个地方发生：政党的诞生以及普选权的创建。选举成为各利益集团之间的战争，它们都想要代表尽可能多的人口。

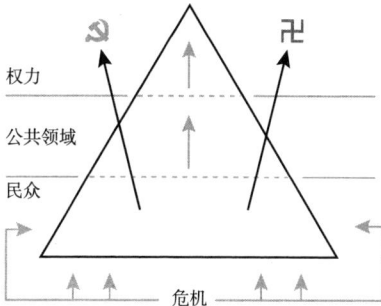

1920~1940年

两次世界大战之间的经济危机让代议民主制陷入极度紧张的态势。各地的保险丝都被烧断。人民尝试了新的政治模式，其中意义最为重大的当属法西斯主义和共产主义。

反对选举

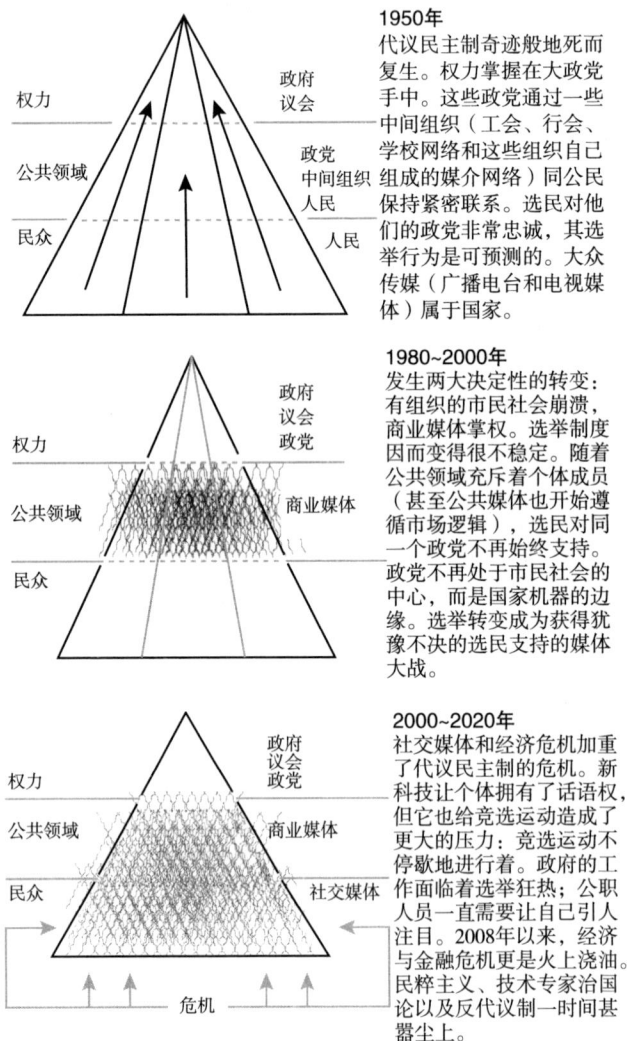

1950年
代议民主制奇迹般地死而复生。权力掌握在大政党手中。这些政党通过一些中间组织（工会、行会、学校网络和这些组织自己组成的媒介网络）同公民保持紧密联系。选民对他们的政党非常忠诚，其选举行为是可预测的。大众传媒（广播电台和电视媒体）属于国家。

图中标注：权力、公共领域、民众；政府议会、政党中间组织人民、人民

1980~2000年
发生两大决定性的转变：有组织的市民社会崩溃，商业媒体掌权。选举制度因而变得很不稳定。随着公共领域充斥着个体成员（甚至公共媒体也开始遵循市场逻辑），选民对同一个政党不再始终支持。政党不再处于市民社会的中心，而是国家机器的边缘。选举转变成为获得犹豫不决的选民支持的媒体大战。

图中标注：权力、公共领域、民众；政府议会政党、商业媒体

2000~2020年
社交媒体和经济危机加重了代议民主的危机。新科技让个体拥有了话语权，但它也给竞选运动造成了更大的压力：竞选运动不停歇地进行着。政府的工作面临着选举狂热；公职人员一直需要让自己引人注目。2008年以来，经济与金融危机更是火上浇油。民粹主义、技术专家治国论以及反代议制一时间甚嚣尘上。

图中标注：权力、公共领域、民众；政府议会政党、商业媒体、社交媒体、危机

图1 各时期的选举：西方选举代议民主制的主要阶段

在一个时期内，欧洲只有臣民，没有公民。从中世纪一直到较为先进的 18 世纪——在此我们仅做概述——权力一直掌握在统治者手中（荷兰共和国、佛罗伦萨共和国以及威尼斯共和国不在我们的考察范围之内，因为它们都是个例）。在宫殿、堡垒或城堡内，统治者在几名贵族或顾问的协助下就国家事务做出决策。随后，一名信使在城市广场上向有意了解的臣民宣布这些决策。统治者和臣民间的沟通是单向的，从封建时代到专制时代这一点一直未曾改变。

然而近几个世纪以来，"公共领域"——借用德国社会学家哈贝马斯（Jürgen Habermas）的理论和术语——得以出现。臣民反对那种自上而下的方式，聚集在公共场所讨论国家事务。在 18 世纪这个属于开明专制的世纪，公共场所的数量飞速增长，哈贝马斯曾介绍过一些供人们讨论公共事务的场所是如何发展起来的。人们在中欧的咖啡馆、德国的餐桌（tischgemeinschaften）、法国的餐馆、英国的酒吧讨论时事。随着咖啡馆、剧院、歌剧院等新场所的产生，并尤其得益于这一时期的独特发明——报纸，公共领域最终得以形成。萌芽于文艺复兴时期的政治意识开始蓬勃发展，"公民"由此诞生。

反对选举

至 1776 年美国革命、1789 年法国大革命，这一进程达到巅峰：揭竿而起的公民彻底松动了英法王权的枷锁，并指出人民而非统治者是至高无上的。为了使人民发声（或者至少使资产阶级发声，因为选举权仍局限于相当小的群体），选举这一正式程序出现，而它在此之前主要用于推选教皇。[49]在一个由目标相同之人（如红衣主教）组成的团体中，投票是一种达成一致的手段，政治领域的投票则被用于推动那些圈子里公认的有德之人达成共识。因此，作为 21 世纪初的公民，我们需要借助一下想象力：曾经有一个时期，举行选举不是为了产生争论，而是为了促成共识！最为杰出的公共空间，即个人可以完全自由地为所有人说话的地方，被称为"议会"。埃德蒙·伯克（Edmund Burke）说："议会不是由利益不同或者敌对的大使组成的国会，也不是一个代理或者提倡者为了维护各自的利益去抵制另一方的建议之地。议会是一个国家的协商会议，只为一个利益，即所有人的利益。"[50]甚至卢梭（伯克对他的很多看法都不以为然）也持相同观点："在大会里人们越是能和衷共济，也就是说人们的意见越是趋于全体一致，则公意也就越占统治地位；反之，冗长的争论、意见分歧和吵闹不休，也就宣告个别利益之占了上风和国家的衰微。"[1][51]代议制是 18 世纪末期的资产阶级对专制的旧制度的一种回应。这是一种间接代议民主制。有选举权的"人民"（这里指的是资产阶级精英）选举代表，随后代表们在议会中促进公共事务的发展。选举、人民代表以及新闻出版自由三者齐头并进。

在接下来的两个世纪中，这一 18 世纪的手段经历了五次结构性转变：政党的诞生、普选的推行、有组织的市民社会的发展、商业媒体对公共领域的控制以及社交媒体的出现。不言而喻的是，外部经济也产生了极大影响：在发生经济危机时（两次世界大战之间的那个时期和现在），人民对民主的热忱显著消退；在经济繁荣时期，人民则会对民主狂热至极。

政党出现于 1850 年以后。在实行民主制的初期，在城里人和乡下人、有钱财的富人和有地产的富人、自由主义者和天主教徒、联邦党人和反联邦党人之间就存在一些断层。直至 19 世纪末，这些团体才发展成定义

---

[1] 此处参考了何兆武的《社会契约论》译本（商务印书馆，2005，第 134 页）。——译者注

明确的正式组织。但它们最多是成员极少、有掌权雄心的政党，还称不上大众政党。不久后，局面发生了改变。它们尽管没有出现在大多数宪法中，但很快成为政治舞台上的主角。例如，社会党在工业化的助推下，成为普选权的最大倡导者。它对普选的推行（1917 年在比利时和荷兰，当时社会党只提出了男性的普选权）代表了选举制度的一次结构性转变：选举成为各利益集团争夺尽可能多的选民支持的战争。选举的初衷是促进共识的达成，但它现在变成了候选人展开激烈斗争的舞台。党派之争由此拉开序幕。

第一次世界大战后，人民对选举式民主的热忱显著冷却，1920 年代和 1930 年代的经济危机让民众的支持进一步分崩离析。在这一背景下，集权主义的反议会制在整个欧洲广受欢迎。但人们没有料想到，在 1940 ~ 1945 年摧毁世界的战火之后，民主能再次焕发勃勃生机，而 1950 年代和 1960 年代的蓬勃发展让很多西方人再次接受了议会制。

在第二次世界大战后的那些年，数量众多的大众政党占据主导地位并掌控了政府。通过一个由工会、行会、医疗服务机构，甚至是学校网络和这些组织自己组成的媒介网络，这些大众政党成功走进了公民的个人生活。这个有组织的市民社会在很大程度上把控着公共领域。政府当然拥有最大、最新的大众传媒（电台和电视媒体），但各政党能通过一些导演、播放时段以及它们自己的广播电视机构来参与其中。这就产生了一个相当稳定的政治局面，其特征是人民对党派非常忠诚，以及选举行为都在意料之中。

至1980年代和1990年代，这一平衡局面因新自由主义思想重塑公共领域而被打破。自由市场经济取代市民社会，成为几乎所有的公共生活领域，尤其是新闻媒体的主要构建者。政党报纸退出舞台，抑或被媒体公司收购；商业广播公司应运而生；甚至公共电视传媒也开始接受市场思维。新闻媒体经历了一次真正的爆炸。电视台、广播电台和报纸的受众人数具有重大意义：这一数据相当于公众舆论的股票价格指数。商业性的大众传媒成为社会共识的重要创造者，而与此同时，市民社会日渐衰落，因为工会和医疗服务机构开始市场化，或是因为政府更喜欢直接与民众对话，不再需要社会伙伴的媒介作用。结果在意料之中：公民成为消费者；参加投票变成了一场冒险活动。政党作为民众与政府之间的媒介变得越来越不重要，更何况它们主要由政府提供资金（往往是为了控制发生腐败的风险）；它们越来越被国家边缘化。为了保住地位，政党不得不每隔几年就求助于选民，以提高自己的合法性。所以，选举成了一场争夺选民支持的斗争。它激起了民众的热情，让他们忘记了自己对一切与政治有关的事情日益强烈的愤怒。美国理论家迈克尔·哈特（Michael Hardt）几年前就曾指出："选举变成了商业秀，任何人都会对这类活动产生怀疑。"[52]"选举不过是一场丑人的选美大赛"，互联网上流传着这样一条讽刺的评论。

2004 年，英国社会学家科林·克劳奇（Colin Crouch）提出"后民主"（post-democracy）一词，用以描述这个被大众传媒操控的新制度：

> 尽管在这一模式中选举确确实实存在且能改变政体，但公共选举辩论已经成为一种受到严格控制的景观。操控这一景观的团队都是由专业人士组成的，他们互相敌对，在说服艺术上的造诣已是炉火纯青。在这一景观中，这些团体预先就选好了主题，辩论者只会就数量有限的主题展开

探讨。而大部分的公民只能是被动、顺从甚至冷漠的；他们唯一要做的就是对收到的信号做出反应。在这场选举游戏的幕后，政治其实是由人民选举出来的官员与代表过多商业利益的精英间的交往决定的。[53]

贝卢斯科尼治下的意大利无疑最符合对后民主制国家的这一定义，而其他一些国家也在向成为后民主制国家迈进。自 20 世纪末以来，公民的处境与他们 19 世纪的祖先越来越像。随着市民社会式微，国家和个体之间的鸿沟再度出现。沟通二者的组织已不复存在，现在谁会去收集多种多样的民众喜好呢？谁会将底层群众的抱怨之语变为国家的政策提案呢？谁会将人民的混乱声音条分缕析为精练的观点呢？有人批评这种"个人主义"，就好像集体的四分五裂该归罪于公民，而人民又变成了群众，是唱诗班的杂音。

变化不止于此。继政党的诞生、普选的推行、有组织的市民社会的发展、商业媒体对公共领域的控制之后，21 世纪初还出现了社会媒体（les médias sociaux，即社交媒体）。"社会"一词颇具欺骗性：脸书、推特、

反对选举

照片墙（Instagram）、Flickr、汤博乐（Tumblr）、Pinterest 同美国有线电视新闻网、火狐（Fox）、欧洲新闻电视台并没有太大不同，它们也是商业媒介；区别仅在于这些网站不想用户看和听，而是想让他们书写和分享。它们的主要目的是让用户尽可能长时间地停留在网站页面，因为这对广告商有利。这解释了为何用户会对"朋友"或"粉丝"感兴趣，沉迷于"点赞"或"转发"，并持续不断地传播别人正在做的事情、那些应该认识的人或"热门话题"。

　　社会或社交媒体虽然也是商业媒体，但有着独特的活力。2000 年时人们能听广播、看电视或者上网，从而以分钟为单位跟进"政治大戏"；而在今天，人们每秒钟都能对它做出反应，还可以动员他人。如此一来，即时的报道就能获得即时的反馈，杂音因此变得更多。但这并未让公共人物，尤其是当选的政客获得任何便利。他们可以立马看到自己的提案是否广受欢迎，但所谓的受欢迎，其实就是这些人可以鼓动多少人。新技术给予了人民发声的机会［让穆巴拉克（Mubarak）和本·阿里（Ben Ali）加入对话］，但这种政治参与只会让选举制度面临更大的分崩离析的风险。

此外，商业媒体和社交媒体也会相互促进。它们你来我往地就对方的新闻进行批评，从而创造了一个互相诋毁、中伤的氛围。严峻的竞争、广告收入的减少以及销售量的下降，促使商业媒体用愈发激烈的语言报道被日益夸大的矛盾，其编委会却变得越来越小、越来越年轻、越来越廉价。对于电视台和广播电台而言，国家政治成了一部日播肥皂剧，或一出由无须酬劳的演员上演的广播剧；尽管编辑们在一定程度上决定了其框架、剧本和类型，但政治人物努力以这种或那种方式使剧情向自己倾斜，其成功程度不一而足。最受欢迎的政客就是那些能改写剧本、改变辩论之人，即那些让新闻媒体服从其意愿之人。这出广播剧也有一些即兴创作的空间，也就是所谓的"时事"。

纸媒与政党的关系更为密切。报纸正在失去读者，政党也正在丧失成员：民主制的老演员们在 21 世纪初就如同失事船只上的遇难者，他们大喊着，互相紧拽着，没有意识到这样做只会让对方陷入更大的危险。由于受制于开本和发行量，还要顾及股东和必不可少的狂热，新闻远没有想象中的那般自由。

接下来的情形算是意料之中。商业媒体、社交媒体和政党的群体性癔症使得人民对选举的狂热经久不消，并对民主的运转造成了严重后果。由于种种对选举的计算，民主无法实现高效化；由于政客需要不断脱颖而出，民主的合法性无法得到保障；而选举制度每次都使得长远的共同利益让位于短期的政党利益。创造选举制度的初衷是实现民主，但从这些后果看，选举似乎是民主的绊脚石。

似乎是命中注定，选举制度获得安宁的任何希望都会破灭：2008 年的金融危机以及随之而来的经济和货币危机无异于火上浇油。民粹主义、技术专家治国论和反议会制相继出现，尽管其显眼程度不及 1930 年代，但与 1920 年代的相似度越来越惊人。

倘若美国的开国元勋和法国大革命的英雄早知道选举在二百五十年后会被用于此种情形，他们一定会提出另一种模式。假设我们现在必须提出一套能表达人民意愿的制度。让公民每四年或每五年投票一次——他们手持选票，走进黑暗的投票站，他们选择的不是政治主张，而是一张名单上的名字，这些名字数月以来被唯利是图的商业媒体无休无止地大肆报道——真的是个好主意吗？我们还敢称那个奇怪的古老仪式为"一场民主的盛宴"吗？

我们把民主简化为代议民主制，又把代议民主制化约为选举，而这一宝贵的制度如今深陷困境。自美国革命和法国大革命以来，首次出现了一个惊人的变化，那就是下一次选举比上一次选举更为重要。选举只产生了非常短暂的任期。我们的船桨越来越短。民主变得脆弱不堪，落入二战以来的谷底。如果我们不严加警惕，民主制就会逐渐变为选举独裁制。

这个转变其实并不令人惊讶。18 世纪末的马车、热气球、鼻烟盒等发明物，在 21 世纪初还有多少仍在为人所用呢？所以我们得出了如下不受人待见的结论：选举在今天看来就是一种原始工具，若是把宝都押在选举上，民主制只有死路一条。这就好比我们认为空中旅行就仅意味着热气球，却无视高压电缆、私人飞机、新的气候变化、龙卷风和空间站。

新的平台创造了一个新的世界。现在的关键问题是谁能掌控这一舞台。在发明印刷术之前，仅有修道院院长、亲王和国王等几百人有权决定抄写文本的范围，而印刷术的出现让成千上万人突然获得了这种权力。旧秩序就此崩溃，古腾堡发明的活字印刷术促使西方从中世纪过渡到文艺复兴时期。今天可以说社交媒体就像让所有人都拥有了一台印刷机；这样的表达仍不够淋漓尽致，我该说每个人都拥有一个写字间。公民不再是读者，而是主编，这引起了一场深刻的力量转移：寥寥数位心有不满的消费者的行动，甚至能将赫赫有名的大公司击垮。[54] 显然，一旦民众通过社交媒体组织起来，原来不可撼动的独裁者就会失去对民众的支配权。政党再也不能将选民们聚集起来，而是因为他们而变得支离破碎，因为随着公民拥有越来越多的发言权，那种传统的父权式代议模式已不再奏效。代议民主制本质上是一种纵向的民主，但 21 世纪是一个日益横向化的时代。荷兰的转型管理理论教授简·罗特曼斯（Jan Rotmans）最近指出："我们从集权变成分权，从纵向变为横向，从自上而下变成自下而上。我们花了足足一百余年的时间建立那个集权的、自上而下的、纵向的社会，而那种思维方式现在被彻底颠覆了。我们要摒弃的东西很多，要学习的东西也很多，其中最大的障碍就在我们自己的脑中。"[55]

对于我们的政体，选举就是化石燃料：尽管它曾给民主带来过巨大的推动力，就像石油有力地推动了经济一样，但现在它造成了严重的问题。如果我们不抓紧反思燃料的性质，民主将面临巨大的威胁。在经济不景气、媒体大行其道、文化迅速变化的今天，一味地将选举奉若神明无异于故意埋葬民主。

我们是如何走到这一步的？

第三章　病发机理

民主制的程序：抽签
（古代和文艺复兴时期）

　　维尔丹（Verdin）教授是我认识的最有激情的大师之一。在读大学的早些年间，我上了他开设的史学方法论（一门虽然枯燥但必修的课）和希腊史课程。在每个星期的课上，他用和蔼的声音向我们讲解米诺斯文化、斯巴达政体、雅典海上霸权的建立、亚历山大大帝的征战。他属于老派的大学教授。幻灯片不属于他的风格，那时 PPT 尚未问世。他用他的书写来吸引我们，而且时间长达两个小时。他白发苍苍，总是打着领带，戴的眼镜镜片很厚。他博学、雄辩、慈祥。上他的课是在 1989 年秋天，那时我刚刚开始学习考古。

　　一个星期一的上午，在课堂即将开始的时候，一位同学洋洋自得地向大家展示他手心里的几颗碎石。在前一个周末，他去柏林参加了一个庆典。那时离柏林墙倒塌不过数日。这位未来的考古学家非常兴奋，他做出的反应就是搜集几块混凝土的碎片。

维尔丹——他没有名只有姓——为我们讲解了公元前5世纪的雅典制度、伯利克里时代、希腊城邦、民主的诞生。我们将要学习民主德国即将延续的那个光荣传统的细节。

然而，教授那天讲的世界，与我们通过实时电视节目看到的世界可谓千差万别。我至今仍留着那时做的课堂笔记。"目标：政治平等"，我还能在一份笔记里读到这样的文字，接着是，"但政治平等只是对极少数的公民而言的，并非所有人"。我还记得在听到这些话时我有点失落。在寒冷的空气里，整个柏林都在欢欣鼓舞地高喊着："我们就是人民。"然而如果这些穿派克大衣的群众活在古雅典，他们中能参与城邦事务者就寥寥无几了。维尔丹的复印讲义提到："在使用'民主化'这一术语时，我们绝不能忽视政治的一个重要特点，即公民权利的排他性。"女人、外邦人、未成年人和奴隶，他们通通没有发言权。

　　然而，还有更奇怪的。维尔丹告诉我们，城邦的三个主要政治机构分别是公民大会（Ekklesia）、五百人议事会（Boule）、陪审法庭（Heliaia）。所有公民都可以参与其中，但有三个方面"我们不能低估了其重要性"，他一脸严肃地对我们说。

　　"第一，雅典公民是直接参与政治的。现在的民主制却迥然不同，人民代表更多是专家，普通公民只有机会担任刑事案件的陪审员。第二，古雅典的很多重要决定是由多数人一起做出的。公民大会包括成千上万的公民；陪审法庭的成员高达 6000 名（一些陪审法庭的陪审员是数百公民）。在这方面，我们现在难以望其项背，虽然我们也是民主制，但它带有一定的寡头制色彩。"

　　"寡头制色彩"，这是典型的维尔丹式论断。最奇怪的还在后头。"第三，古雅典的所有官员，包括法官，都是通过抽签挑选的，只有极少公职不抽签。"这让我警觉起来。那时我刚满 18 岁，也就是到了选举的法定年龄。不久之后，我就可以生平头一遭为我最信任的人物和政党投上一票。理论上，雅典的平等思想很吸引人，可我真的想要这种摸彩式民主（维尔丹向我们详细讲述了其运转机制）吗？更重要的是，那些民主德国的人民，他们正在走上街头，争取选举的自由，难道他们想要的就是这样一种民主吗？

维尔丹很确定地补充道，抽签也有好处。"抽签可以排除人为的影响。罗马没有抽签，所以到处都是腐败的丑闻。此外，雅典官职的任期是一年，官员一般不会连任。这样的规定是为了尽可能地让公民轮流担任各个级别的职务。雅典制度希望尽可能多的公民可以参与城邦生活，每个人都有参与政治的均等机会。所以，抽签挑选和轮番而治就是雅典民主制的核心。"

对于雅典民主，我时而满怀热忱，时而心有疑虑。一个不通过选举而靠抽签产生的政府团队，我应该予以信任吗？国家怎么可能正常运转呢？如何避免政府团队的不专业呢？

"雅典的制度与其说是教条式的，不如说是实用主义的，"维尔丹进一步指出，"它并非源自某种理论，而是以经验为基础。例如，军事和经济领袖的职务不是通过抽签来决定的。这两位官员是选举出来的，而且轮番而治也并非强制性的。如此一来，能力强的人可以多次中选。所以，伯利克里可以连续十四年当选首席将军。在古雅典的制度中，安全原则是第一位的，其次才是平等原则。不过雅典人只对极少数的官职使用安全原则"。

　　离开阶梯课室时，我更加沮丧，但也加深了对民主制的理解。追本溯源，民主制度神话般的起源不过是一种程序摇摇欲坠的古代制度。在那个遥远的时代，人们脚穿凉鞋，肩披呢绒，整天在市集广场的沙地上商议如何修建一座神庙或是凿一口水井，所以抽签挑选和轮番而治的确非常适合那些小城邦。但我们可以借鉴他们的做法，进而掌控动荡的当代世界吗？柏林墙的那些碎石头，就好比在我们不安的手心里燃烧的碳。

　　最近，在我保存的档案中，我找到了维尔丹教授的课堂笔记——现在我知道他的名字叫赫尔曼（Herman）。如果说我们的"民主疲劳综合征"确实是由选举代议民主制引起的，如果说我们的制度之所以陷入危机，是因为我们将民主制简化为选举这一特有程序，如果说选举往往限制了民主而非襄助其实现，那么回顾一下以前的人如何回应对民主的追求，应该会有所助益。

　　这种兴趣并非我一人独有。近年来，学术界越来越热衷于研究民主制的历史。[56]法国政治学家伯纳德·马内（Bernard Manin）1995年以一本《代议制政府的原则》（*Principes du gouvernement représentatif*）开了研究之先河。这本书的第一句话就是一颗重磅炸弹："当代的民主制度源自一种政府组织形式，而这种组织形式的奠基者意在用它来与民主制分庭抗礼。"马内率先对人们推崇选举的缘起展开了研究。他详细描绘了在美国革命及法国大革命之后，人们如何逐渐走上了选举代议制之路。但推崇选举是为了什么呢？是为了避免民主的骚乱！"选举出来的代表是且应该是一些与众不同的公民，在社会地位上有别于那些选举他们的公民，在大家清楚意识到这一点后，代议制政府就组建起来了。"所以在我们民主制的基底的，是一种对贵族制的回应。结论就是——这个结论意义重大——我们在各国见到的代议制"既有民主制的特点，也有非民主制的特点"。[57]关于这个问题，我在后文还会论述。

继马内的杰出研究之后，近年来又出现了一些创新研究。[58]它们的结论是，我们的民主制不过是前两个世纪的巧合所致。研究者们之所以重新审视近几个世纪，就是为了指出其他形式的民主制也存在过。

那么在美国革命和法国大革命之前，世界上存在过哪些制度呢？在古代和文艺复兴时期，抽签在各个地方似乎都扮演着举足轻重的角色。

我们再来说说古雅典。在公元前 5 世纪和公元前 4 世纪，最为重要的政府机构实际上是通过抽签来获得其公职人员的：五百人议事会、陪审法庭以及几乎所有的行政长官（见图 2A）。五百人议事会是雅典民主制度的重中之重：它起草议案，安排公民大会，管理财政、公共事务、行政长官，还负责与邻邦的外交事项。简而言之，一些通过抽签选出的公民握有最重要的权力。此外，在 700 名法官中，有 600 名是通过抽签选出来的，剩下的则是选举出来的。每天早晨，陪审法庭都会抽签，在 6000 名候选公民中选出几百名陪审员。为了抽签，每个部落都有一个抽签机，它是有 5 根带槽柱子的巨大石柱，每位陪审员都要将写有自己名字的牌子插入其中。抽签的具体流程是：从一个放在石柱旁边的密封的箱子里取出一些有颜色的木块，这些木块的顺序与签上带名字的牌子相对应。被命运指定的那些人会担任官员。这是一种以公正为奖品的赌博，这种轮盘赌就是为了公平地分配权力。

抽签可以决定三种权力：立法权、行政权和司法权（见图 2B）。五百人议事会制定新法律，然后诉诸抽签，

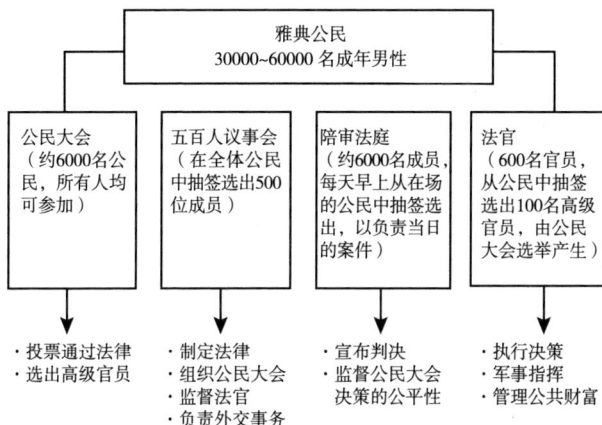

```
                    ┌──────────────────────────────┐
                    │           雅典公民            │
                    │    30000~60000 名成年男性      │
                    └──────────────────────────────┘
```

公民大会 （约6000名公民，所有人均可参加）	五百人议事会 （在全体公民中抽签选出500位成员）	陪审法庭 （约6000名成员，每天早上从在场的公民中抽签选出，以负责当日的案件）	法官 （600名官员，从公民中抽签选出100名高级官员，由公民大会选举产生）
·投票通过法律 ·选出高级官员	·制定法律 ·组织公民大会 ·监督法官 ·负责外交事务	·宣布判决 ·监督公民大会决策的公平性	·执行决策 ·军事指挥 ·管理公共财富

图 2A　公元前 5 世纪和公元前 4 世纪古雅典
民主制中的主要机构

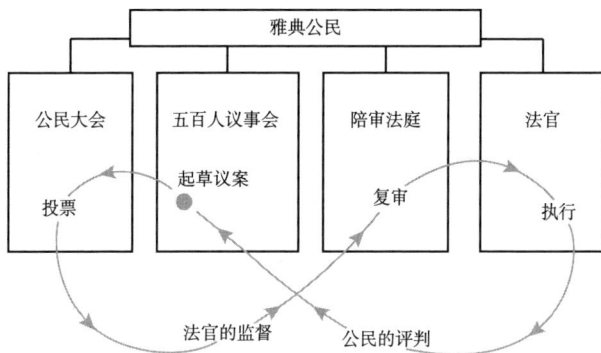

图 2B　古雅典主要民主机构的立法权、
行政权和司法权分配

再由公民大会投票；陪审法庭通过抽签来检验新法的合法性，抽签或者选举选出的法官则负责其执行。五百人议事会握有执行权，公民大会则握有司法权。

古雅典民主制有一个鲜明的特点，那就是任期很短：公民陪审员的任期仅为一天，议员或法官的任期仅为一年（是有工资的）。一个人只能担任议员两次，而且不能连任。一切被认为在执行公差的公民都可以跻身候选人之列。这有助于实现极高的参与度：在 30 岁以上的公民中，50% ~ 70% 的人都至少当过一次议员。

雅典民主在鼎盛时期能够依靠抽签这样一个奇特的原则运转，今天的我们对此不禁大感震惊；但对于当时的人而言，抽签毫无出奇之处，实在是再自然不过。例如，亚里士多德毫不拐弯抹角地断言："我援引行政长官为例：用抽签的方法产生决策者就是民主，用选举的方法产生决策者就是寡头政治。"虽然亚里士多德本人支持的是一种混合政体，但他还是毫不含糊地指出了抽签和选举之间的不同之处，在他看来，抽签是民主的，选举则不尽然。这一观点在他的著作中也可以找到。比如说，他评论斯巴达说，政府的组建"包含一定的寡头成分，例如，所有行政长官都是经选举产生的，而不是抽签"。在他看来，抽签更为民主。因此，雅典民主的一个特征是，同一个人可以既是政客又是公民，既是管理者又是被管理者，既是统治者又是臣民。我们认为"职业政客"这样的角色再正常不过了，但在普通的雅典人看来，它十分危险、荒唐至极。亚里士多德还提到了一种关于自由的很有意思的观点："民主制的基本原则，就是自由……自由的一个标志就是，公民可以轮番充当管理者和被管理者。"[59]这是二十五个世纪前的古老思想，但它仍能提供一些令人难以置信的借鉴。自由不是自己一直占有权力，也不是不需要尊重权力，更不是被动地服从于权力。自由是自治和忠诚之间的平衡，是管理和被管理之间的平衡。在维尔丹教授发出警告的二十五年后，也就是"民主政治之寡头化趋势"更为横行的现在，我们似乎完全忘记了这一深刻见解。

雅典民主时常被定义为"直接"民主。维尔丹跟我们讲解道，雅典几乎每周都会举行公民大会，成千上万的公民可以直接参与其中。但核心工作是通过其他一些更具体的机构实现的：五百人议事会、陪审法庭以及行政长官。在这些机构中，并非所有人都能表达自己的观点，只有随机抽选出的一小部分人可以。对抽签选出的这些团体做出的决定，雅典人民并没有直接参与。因此，我完全赞同最近一项研究的结论：雅典的民主其实并不是"直接"民主，而是另一种形式的代议民主，一种非选举的代议民主。[60]我甚至还要更进一步：因为人民的代表是抽签选出的，所以雅典民主制度是一种带有偶然性的代议民主制。这是一种间接的政府形式，在这一制度中，是抽签而不是选举区分了管理者和被管理者。在西欧政治史上，这类政体比人们通常认为的更多。

在罗马共和国时期，雅典的抽签制仍有留存；但到罗马帝国时期，抽签制被彻底遗弃了。直到中世纪意大利北部城市崛起，它才朽木逢春，重获生机。这最初发生在博洛尼亚（1245 年）、维琴察（1264年）、诺瓦拉（1287 年）、比萨（1307 年），不过在文艺复兴的两大重镇威尼斯（1268 年）和佛罗伦萨（1328 年），这个现象有着最为完善的文字记载（见表1）。

表 1　古代和文艺复兴时期作为政治工具的抽签

	雅典 Klèroterion （前 462 年~前 322 年）	威尼斯共和国 Ballotta （1268~1797 年）	佛罗伦萨共和国 Imborsazione （1328~1530 年）	阿拉贡王国 Insaculación （1350~1715 年）
目的	·促进政治平等 ·让尽可能多的人参与公共生活	·在任命高级官员的过程中避免贵族家庭间的矛盾	·避免竞争对手间的矛盾	·促进稳定 ·避免集权
抽选范围	30000~60000 市民（相当于 12 万~30 万人中的 10%~24%）	600~1600 名委员会成员（相当于 10 万~13.5 万人中的 0.6%~1.2%）	7000~8000 市民（相当于 9 万人中的 7%~8%）	（各城市）市民人口的 1%~16%
抽签	确定政府的主要机构： ·五百人议事会（500 人） ·陪审法庭（6000 人） ·法官（600 人）	确定国家领导人： ·组成选举委员会以选出总督	确定主要的政府机构： ·市政议会 ·立法机构 ·市民委员会	确定： ·选举委员会（参考威尼斯共和国） ·地方官员（参考佛罗伦萨共和国） ·议会成员

	雅典 Kleroterion （前 462 年～前 322 年）	威尼斯共和国 Ballotta （1268～1797 年）	佛罗伦萨共和国 Imborsazione （1328～1530 年）	阿拉贡王国 Insaculación （1350～1715 年）
方法	·自愿 ·抽签 ·任命	·大议会 ·抽签与选举的十次交替使用 ·用抽签球抽签	·行会或家庭的提名 ·增选 ·抽签 ·投票选出	·提名 ·增选 ·抽签
轮换	一年（最多可担任两次）		快速轮换，只能担任一次	快速轮换，任期为一年
选举	选出最高职位的官员： ·10 位首席将军 ·90 名高级官员	选举和抽签并用来选出总督	增补：自上而下的选举	增补：自上而下的选举
其他	·米利都和科斯 ·古雅典（前 322 年～前 31 年） ·罗马共和国	帕尔马、伊夫雷亚、布雷西亚、博洛尼亚	奥尔维耶托、锡耶纳、佩鲁贾、卢卡，甚至圣明斯特和法兰克福	萨拉戈萨、赫罗纳、塔拉戈纳、韦斯卡、马略卡岛、列休达、德亚、伊瓜拉达、拉曼查、穆尔西亚、埃斯特雷马杜拉

在威尼斯和佛罗伦萨，人们都采用抽签，但两地的做法完全不同。威尼斯人在好几个世纪中都用抽签指定国家领导人——总督。威尼斯共和国并不是民主制国家，而是由强大的寡头贵族家族统治的国家：政府机器掌控在几百到几千名不等的贵族手中，他们仅占全国人口的1%。贵族中四分之一到三分之一的人几乎担任了全部官职。一旦做了总督，就终生都是。不过与寡头制有所区别的是，总督并非世袭。为了避免相关家族之间的冲突，在选定新一任总督时，人们会求助于抽签这一程序，但是，为了确保领导人具备相应能力，总督是通过抽签搭配选举的方式产生的。结果就是，选定新总督的步骤复杂得令人难以想象，会持续五天，经历十个阶段。先从大议会（Consiglio Grande）开始，大议会的成员是500名贵族（从14世纪开始，人数不断增长）。他们每个人的箱子里都有一个木制的小球，被称作抽签球（ballotta），上面写有自己的名字。首先，最年轻的议员离开大议会厅，前往圣马可大教堂（la basilique Saint-Marc），并和遇到的第一位年龄在8～10岁的小男孩说话。随后，这名小男孩会被允许加入选举会的议员队伍，并受到委托抽取抽签球。这只无知孩童之手首先抽出 30 人，再在其中抽出 9 人。这 9 个人组成第一个选举团，他们要通过多数表决制将选举团扩至 40 人，这其实是一种自行增补新成员的方式。40 名成员又通过抽签自行减至 12 名，这 12 人再次投票，让队伍增至 25 人。这一运作会持续一段时间：选举团每次都通过抽签减小规模，又通过投票壮大，随机抽选和选举交替使用。在第九轮，也就是倒数第二轮中，选举团有 41 名成员。他们将参与秘密选举，最终选出总督。

威尼斯的政体看起来极其复杂，计算机科学家近来对这种选举领导者的程序饶有兴致：它确确实实让最受欢迎的候选人赢得了选举，但同时给予了少数人机会，又矫正了部分选举人被收买的不良影响。此外，通过放大一些小优点，它让一些折中立场的候选人被推选出来。[61]这一切都加强了新任领导者的合法性，也提高了选举的效率。历史学家们认为，威尼斯共和国之所以能够获得非比寻常的长期稳定（这种稳定持续了五个多世纪，最终被拿破仑终结），抽签这一巧妙的制度是部分原因。倘若不采用抽签，毫无疑问，共和国早就因为寡头家族间的争端而陷入混乱了。（我们不禁暗自思忖：我们的政体也会禁不起政党之间的纷争吗?)

一个值得一提的小小历史知识是，大家全凭其名字才记住了威尼斯共和国的制度。通过一条古怪的词源演变路径，英语中的选票一词 ballot 直接来自意大利词语 ballotte（抽签球）。荷兰人还在使用 balloteren 这个动词，意思是为一个团体招募新成员。它在法语中对应的是 ballottage，这个词语直到 18 世纪都还指抽签。

佛罗伦萨的抽签制与之有所不同。在这里，抽签被 imborsazione 代替，也就是"放入袋子"或"放入坛子"。不过其用意是一样的，也是为了避免城邦中竞争团体之间的矛盾，但佛罗伦萨人比威尼斯人走得更远。不仅国家首领这一职位，几乎所有的行政和公共管理任务都通过"运气"来分配。如果说威尼斯是贵族家庭的共和国，那么佛罗伦萨就是由上层资产阶级和强有力的行会掌控的共和国。与古雅典一样，抽签选出的公民是佛罗伦萨主要政府机构——市政议会、立法机构和市民委员会——的公职人员。市政议会类似于雅典的五百人议事会，是最高行政机构，负责外交事务、行政事务和制定法律条文。但不同于雅典的是，公民不能主动采取行动，而必须通过他们的领导者、家族或其他组织，我们后来称这种做法为"提名"。再是挑选过程的第二个阶段：由各种身份的人组成的市民委员会可以通过投票来决定谁将担任行政职位。然后是抽签（la tratta）的程序，但在此之前人们会先将一些人除名，例如已经有过一轮任期的人或犯过法的人。所以，这个过程包括四个步骤：提名、选举、抽签、除名。和雅典完全一样，身兼多职是被明令禁止的，且一轮任期只有一年。还有一点也和雅典完全一样：这个制度确保了相当大部分人民的参与，不少于75%的公民可以得到提名。提名者不知道在投票环节中自己是否顺利通关了，因为名单是保密的。如果一个人没能成功取得公职——公职的数量数以千计——问题可能在抽签环节，也可能在投票。

在帕尔马、伊夫雷亚、布雷西亚、博洛尼亚等城市，威尼斯的模式被效仿；而在奥尔维耶托、锡耶纳、皮斯托亚、佩鲁贾、卢卡等城市，佛罗伦萨的制度则被奉为典范。繁荣且频繁的商业往来甚至把这种制度带到了法兰克福。在伊比利亚半岛，阿拉贡王国的一些城市也以这一政体为楷模，如列伊达（1386年）、萨拉戈萨（1443年）、赫罗纳（1457年）、巴塞罗那（1498年）。抽签在阿拉贡王国被叫作 insaculación，字面意思是"放入袋子",是从西班牙语 imborsazione 翻译而来的。沿用这个制度的目的是确保公共权力的公平分配、促进城市的稳定。在这一制度下,人们再也不会争论谁有特权担任城邦或共同体的官员,谁在选举团体中占有席位,因为这些问题被完全公平地、干脆利落地解决了。未被选中的人可以自我安慰说自己很快就又有机会了,因为就像雅典和佛罗伦萨一样,通过抽签来授予的职位只有一年的任期。如此迅速的轮换自然会加大公民的参与度。在西班牙的另一个大王国卡斯提尔王国中,抽签在穆尔西亚、拉曼查这些地区也存在。在 1492 年卡斯提尔王国重新归属阿拉贡王国之后,斐迪南二世宣称:"根据已有经验,城邦或城市使用抽签球和袋子能让人民拥有更好的生活,更有助于实现治理和制度的健康,而那些以选举为基础的政体恰恰相反。"前者更能带来团结、平等与和平,而且能更好地避免一时的激情。[62]

通过快速地回顾一番历史,我们可以汲取六个教训:1. 从古代以来,抽签作为一种十分有价值的政治工具,一直被诸多国家使用;2. 使用这一制度的都是规模很小的城市国家(城邦国家或城市共和国),而且只有人口中的很小一部分能获得权力；3. 使用抽签的国家通常都是在财富、权力和文化方面较为强势的国家（如公元前 4 世纪和公元前 5 世纪的雅典、文艺复兴时期的威尼斯共和国与佛罗伦萨共和国）；4. 各国在抽签时，方式和过程千差万别，不过抽签始终能减少公民之间的矛盾，增加公民的政治参与度；5. 没有哪个国家会只采用抽签，抽签总是与选举并行，因为选举可以确保候选人具有能力；6. 尽管其国内的竞争团体之间存有强烈的敌对情绪，但使用抽签的国家往往已经有了长达数个世纪的政治稳定。直到 20 世纪中叶，圣马力诺共和国仍在使用抽签，以从 60 名议员中选出 2 名管理者。[63]

在 18 世纪，也就是启蒙时代，一些大哲学家对民主体制很感兴趣。现代宪政的奠基人孟德斯鸠 1748 年在《论法的精神》一书中再度提出亚里士多德两千年前的分析："抽签是民主的，挑选式的选举则是贵族制的。"孟德斯鸠认为，选举的精英主义色彩从一开始就显而易见。他提出："抽签是一种不伤害任何人的挑选方法；它让每一个公民都能为国家效力。"这对公民而言当然是好事；但对国家而言，这也不成问题吗？抽签有一种明显的风险，即会让一些能力不足之人掌权，而这需要通过挑选、自动选择或评估来加以修正。在古雅典的制度中，行政长官在离职时会考虑这个问题，会"同时考虑抽签和选举"。[64]所以，孟德斯鸠对雅典的民主大加赞赏。只有将抽签和选举相结合才能避免走极端：纯粹的抽签可能会选出一些能力不足的官员，简单的选举则可能导致普通公民在政治上无能为力。

在狄德罗和达朗贝尔于1750年代编纂的闻名遐迩的《百科全书》中，我们可以找到类似的观点。在书中的"贵族"条目下，作者写道，抽签并不适用于贵族制（"选官员不能通过抽签来进行，抽签只会造成诸多不便"），最好是组建一个元老院："我们可以说，元老院里都是贵族，民主是针对整个贵族阶层的，而人民是微不足道的。"但他们又明确指出，贵族对人民是负有责任的。《百科全书》中论述"民主"的条目在很大程度上重拾了孟德斯鸠的论点。

几年后，卢梭进一步发展了这一思想。他也发现了混合政体的诱人之处，尤其是在分配官职一事上。1762年卢梭在《社会契约论》中写道："当选举与抽签两者并用的时候，凡是需要专门才能的地方，例如军事职务，就应该由选举来任用；而抽签则适用于只需要有健全的理智、公正与廉洁就够了的地方，例如审判职务，因为在一个体制良好的国家里，这些品质是一切公民所共有的。"① 卢梭描述的正是古雅典的制度，在几个世纪里，雅典为了分配公职而采用了这种二者并行的方法。抽签与推选相结合产生了另一种制度，它既有很高的合法性，又非常高效。其实，在任何一个社会中都不是每个人都具备才能，但这并不意味着我们就该放弃抽签。卢梭及其前辈秉持的观点是："在一切真正的民主制之下，行政职位并不是一种便宜，而是一种沉重的负担；人们无法公平地把它加给这一个人，而不加给另一个人。唯有法律才能把这种负担加给中签的人。"②[65]

至此，结论也就一清二楚了：尽管《论法的精神》和《社会契约论》的作者有很大差别，但这两本 18 世纪的政治哲学巨著都指出，抽签比推选更民主，且将两

---

① 引自何兆武译本（商务印书馆，2005，第 138～139 页）。——译者注。

② 引自何兆武译本（商务印书馆，2005，第 140 页）。——译者注。

种方式结合起来能对社会产生更为积极的影响。这两种程序一个取决于偶然，一个依靠选举，可以相互促进、相得益彰。

贵族制的程序：选举
(18世纪)

然后发生了一件怪异之事，伯纳德·马内心怀敬佩地写道：

> 然而，在《论法的精神》和《社会契约论》出版大约一代人的时间之后，通过抽签选出执政者的制度彻底退出了历史舞台。在美国革命和法国大革命期间，人们从来没有提及抽签。此外，美国的开国元勋们庄严地宣称，他们希望公民能够人人平等。他们就是否应扩大选举权展开了争论。但与此同时，不管在大西洋东岸还是西岸，国家领导人都毫不迟疑地做出决定：他们要采用被认作贵族制的挑选方式。[66]

这是如何实现的呢？在一个始终推崇理性和哲学的

世纪,竟然把当时最有影响力的哲学家的观点束之高阁,这是如何做到的?这种贵族制选举是如何获得一边倒的胜利的?抽签竟然"从雷达显示器上消失得无影无终"(借用今天的表达),这又是如何发生的?

长期以来,历史学家和政治学家都面临着困惑。这是因为在实践中遇到的困难吗?当然,不同之处是显而易见的:古代的雅典只是一个面积几千平方米的城市,而法国以及大西洋对岸独立的北美十三州都幅员辽阔,所以抽签对它们而言完全不可同日而语。时空上的距离意味着完全换了一片天地。这一点是无可否认的。

在 18 世纪末,国家的人口登记和统计制度还不够发达,所以不能进行真正的抽签。一个国家的确切人口都还无法得知,就更不用说在人口中抽出代表性样本了。

那时,人们对古雅典的民主制度也还没有形成详细且深入的了解。一个世纪以后,也就是 1891 年,第一项透彻的研究——詹姆斯·威克利夫·黑德勒姆(James Wycliffe Headlam)的《抽签选拔在雅典》(*Election by Lot at Athens*)才问世。在此之前,人们对古雅典民主制的了解仍不成体系,仅有一些专著对其略有提及，例如牧师托马斯·咖塔克（Thomas Gataker）著于 1627 年的《论抽签的本质和使用：一项历史学和神学研究》（*Of the Nature and Use of Lots：A Treatise Historical and Theological*）。

　　然而，实践中的困难并非唯一理由。雅典人也没有一套完美的人口管理策略，佛罗伦萨人对先前的希腊人也没有什么具体的了解，但这并不妨碍他们大量地使用抽签。在美国和法国革命者的著作中，让人惊讶的并不是他们不能实施抽签，而是他们不想使用，而且理由还不仅仅是操作上的困难。他们甚至从来不曾尝试做出一星半点的努力。没有人抱怨无法使用抽签制。抽签或许是无法实现的，但更关键的是，他们认为抽签绝非人心所向。这与他们对民主制的构想有关。

　　孟德斯鸠将政体分为三种：君主制、独裁制以及共和制。在君主制中，根据已有律法，权力（最高权力）掌握在一个人手中；在独裁制中也是一人掌权，但是没有已制定好的法律，而且所有的事情都意味着专制；在共和制中，权力是属于人民的。针对最后这种政体，孟德斯鸠做了一个极其重要的区分："共和国的全体人民握有最高权力时，就是民主政治。共和国的一部分人民握有最高权力时，就是贵族政治。"①67

上层资产阶级 1776 年从英国国王、1789 年从法国国王手中挣脱出来，他们显然是渴望共和制的。但是，他们向往这类国家的民主制变体吗？如果相信他们的陈词滥调，那么答案就是肯定的。以人民为参照，这是必不可少的。革命者再三声明，人民是至高无上的，民族一词应该大写，一切应该以"我们就是人民"为出发点；但最终他们所说的人民是精英分子。新近独立的北美诸州被称作"共和国"，而不是"民主共和国"。连约翰·亚当斯（John Adams）这位伟大的独立运动战士、美国的第二任总统，都在民主制这个问题上举棋不定，这从他的如下警告中就可以看出："请记住，没有哪种民主制会万古长青。一种民主制很快就会衰弱不堪、精疲力竭，然后死去。还从来没有不会自取灭亡的民主。"68 美国宪法之父詹姆斯·麦迪逊（James Madison）在民主制度中看到了"一种充斥着动乱和争论的景象"，这种景象一般会"由于暴亡而夭折"。69

① 引自张雁深《论法的精神》的译本（商务印书馆，1961，第10页）。——译者注。

在法国大革命期间，很少有人知道"民主"一词，而且它往往带有消极含义。它指的是，如果穷人掌权，就肯定会出现暴动。第一届法国国民议会（Assemblée Nationale）的成员、优秀革命者安托万·巴纳夫（Antoine Barnave）称"民主"为"最可恨的、最具颠覆性的制度，对于人民而言，它是最具危害性的制度"。[70]1789~1791年，法国制宪议会针对投票权进行了多场辩论，其间"民主"这个术语仅出现了一次。[71]

加拿大政治学家弗朗西斯·迪普伊－德里（Francis Dupuis-Déri）研究了"民主"一词的使用，并指出法国和美国革命的奠基者们明显避而远之。他们中的大部分人认为，民主就等同于混乱、极端主义，因此尽可能避免与之扯上关系。但是，这不是个简单的词语选择问题，而是民主制中的真实情况让他们心有戚戚焉。他们中有很多人是法学家、大地主、工业家、船主，在美国还有种植园主、奴隶主。在贵族制巅峰期的英国或法国的宫廷中，他们往往都有行政和政治职位，且与他们反对的那个制度有着亲缘关系。[72]"因此，这些精英人物努力削弱国王或贵族制的合法性。在这场运动中，他们强调，人民不具备进行自我管理的政治能力。他们宣扬国家是至高无上的，而他们自己作为精英想要为国家谋取福祉。"[73]

在这样的背景之下，"共和"一词似乎比"民主"更为合适，选举变得比抽签更为重要。法国和美国的革命领导者都对抽签无动于衷，因为在他们眼中，民主制实在是乏善可陈。一个人从祖先那里继承了一辆漂亮的四轮马车后，并不急于让孙子驱使它。

我们再回到孟德斯鸠的分类。毫无疑问，美国和法国革命的爱国领导者们是共和派，但绝不是民主派。他们不想要人民来驾驶这辆权力的四轮马车，而是宁愿自己拉着缰绳，因为这样可以更大程度地避免翻车。美国的精英如果放弃权力，就会遭受重大损失：精英们享有很大的经济优先权。在法国也是一样，但法国还有一个至关重要的方面。和美国不同的是，法国这片土地上原本就有一种制度，而现在要建立一个新的社会取而代之。正因如此，新一代精英分子最好能与先前的贵族地主达成妥协。换句话说，在革命者们接手的这辆马车上，还坐着相当数量的老贵族，如果精英们想要换一个方向前行，至少需要考虑考虑老乘客提出的路线，如若不然，老乘客们可能会制造麻烦。

无论如何，在英法两国，倾向性实在是再明显不过：革命领导者们构想并将要创立的共和国应该是贵族性质的，而不是民主性质的。选举可以帮助他们实现这一愿景。

这样的结论如今看起来也许像是异端邪说。现代民主诞生于1776年和1789年革命，我们不是经常听到别人这样说吗？然而，经过一番精确分析，我们看到了一段截然不同的历史。[74]

约翰·亚当斯在他著名的《关于政府的思考》（*Thoughts on Government*）中写道，从1776年起，也就是自美国独立开始，美国因幅员太广、人口太多，而无法进行直接管理。他说得很对。雅典及佛罗伦萨共和国的范式在被搬到美国后就不奏效了。但约翰·亚当斯接下来的论述让人颇为意外。他解释道，关键在于"将多数人的权力赋予少数最优秀、最具智慧的人"。尽管并非全体人民都能拥有言论自由，但一小撮杰出人物可以代劳。亚当斯的观点略显天真，其中的乌托邦色彩一览无遗，他希望一个由道德高尚的人组成的议会可以站在社会中其他人的角度"思考、感受、推理、行动"："这些代表是全部人口的精确缩影。"我们试想一下，一位纽约的银行家和一位波士顿的法学家参加议会时，会对马萨诸塞一个村庄的面包师以及新泽西一位船员的需求和痛苦感同身受吗？

十年后，美国宪法的奠基者詹姆斯·麦迪逊发展了亚当斯的观点。1777 年的《邦联条例》（Articles of Confederation）被一部完整的宪法取代，这部宪法的初版是麦迪逊为美利坚联邦制定的，他绞尽脑汁，想要当时的 13 个独立州批准这一草案。詹姆斯·麦迪逊和两个同僚为推动新宪法的通过在纽约的报纸上发表了《联邦党人文集》（Federalist Papers），这是一本 85 篇文章的合集。他在一篇发表于 1788 年 2 月的文章中写道：

> 每部政治宪法的目的都首先在于或首先应该在于，为统治者获得拥有最高智慧去辨别或最高美德去追求社会公益的人；其次，要采取最有效的预防措施，以确保他们保持高尚品格……依靠选举来获得统治者，是共和制的独有特征。[75]

麦迪逊表明自己偏爱"拥有最高智慧去辨别或最高美德去追求社会公益的人"，这意味着他完全赞同约翰·亚当斯的观点。然而，他的想法与平均分配政治机会的雅典范式相去甚远。如果说希腊人认为最好的局面是治理者和被治理者之间没有区别，那么在麦迪逊看来则完全相反，二者应该有所区别。亚里士多德在这种时而为治理者时而为被治理者的制度中看到了自由的迹象，但美国宪法的制定者认为拥有最高智慧和最高美德者就该抓紧缰绳。[76]

一种由最优秀者担任执政者的制度难道不正是希腊文中的"贵族制"吗？美国独立之父托马斯·杰斐逊始终认为，存在一类"建立在德行和才能基础上的自然贵族制"，最好的政体应"尽可能有效地将自然贵族列为政府官员"。

詹姆斯·麦迪逊进一步说，然而，这个原则并不会带来"一种所谓的寡头制"，因为这里的最优秀者是通过选举获得权力的。他说，因为依靠的是选举，所以由他们担任官员既是有效的也是合法的。他如此解释道：

谁将是联邦众议员的选举人呢？无论贫富，无论有无学问，无论出身高贵还是卑微，都是选举人。选举人应该是美利坚合众国的绝大部分人民。

女人、印第安人、黑人、穷人、奴隶，都不属于"绝大部分人民"，但麦迪逊对此只字不提。他自己就是弗吉尼亚的大种植园主，蓄养着一批奴隶，不过那时没人指出这些。当然，早在古希腊，就只有数量有限的精英阶层才能获得政治权力。不过麦迪逊提出的选举代议制有一个前提，那就是治理者和被治理者在名望上是有差距的，而在使用抽签时治理者和被治理者并无不同。这一点至关重要。他甚至清晰无误地写道：

> 谁是人民推选的对象？所有因功绩而赢得了国家的尊重和信任的公民都是……由于他们因深受其他公民喜爱而获得名望，我们因而可以认为，一般而言，他们也会由于拥有某些品德而获得名望。

因此，他们应该是出类拔萃、光芒四射的，是受人尊重、被人信任的，是卓越不凡、与众不同的，所以能够管理人民。代议制有投票这个环节，所以它或许称得上是民主的，但鉴于其增加公职人员的方式，它从一开始也具有贵族性质：尽管任何人都有权投票，但甄选方式有利于精英阶层。

所以从那时候起，也就是从 1788 年 2 月 19 日詹姆斯·麦迪逊在《纽约邮报》上发表《联邦党人文集》中的第五十七篇文章起，一切就已经开始了。这也标志着一种结束，因为古雅典民主制提供的范式——政治机会的均等——最终被摒弃了。从此以后，能干的治理者和无能的被治理者之间有了一条清晰的界线。这更像是专家治国而不是民主制的开端。

法国的法律也见证了革命的"贵族化"。一旦民众起义导致社会动荡，新兴的资产阶级精英就会在短时间内予以镇压，因为他们想要"恢复秩序"，换句话说就是要捍卫自身利益，实现对国家的管理。在美国，这样的转变发生在 1776 年《独立宣言》发表和 1789 年《美国宪法》（麦迪逊就是其倡导者）获批之间；在法国，它发生在 1789 年革命和 1791 年宪法通过之间。底层群众发起的反抗（包括占领巴士底狱，这次反抗发展到了令人难以想象的规模）在几年后导致了宪法的制定，但人民的作用被压缩至只剩投票权，而且只有六分之一的法国人才享有这种权利。

1789 年法国大革命最重要的文件《人权宣言》宣

称："法律是公意的表达。每一个公民皆有权亲自或由其代表去参与法律的制定。"但在 1791 年的宪法中，个人荡然无存；"一切权力只能来自国民，国民只能通过代表行使其权力。法国的宪政是代议制"。在短短两年多内，立法权的拥有者从人民变成了人民代表，换言之，参与制变成了代议制。

修道院院长西哀耶斯（Sieyès）的态度让人颇为动容。他是弗雷瑞斯的天主教神父，其颠覆性的小册子《何为第三种身份?》（*Qu'est-ce que le tiers état?*）点燃了革命的火种。西哀耶斯认为，前两种身份，即贵族和教士，相比作为第三种身份的资产阶级，握有过多权力。他为资产阶级辩护，声称他们应该拥有更多的参与权，还大声疾呼应该完全取缔贵族的特权。他的作品被广泛阅读（仅在 1789 年 1 月，他的小册子就卖了 30000 多册）。他为沮丧的人民发声，被视作重要的革命理论家。但他仍然写道："法国不是也不应该是民主制国家……我再三强调，在一个非民主制国家（而且法国不应该成为民主制国家），人民只能通过其代表来发言或行动。"[78]

在这一基础上，一种"政治广场恐惧症"产生了，也就是对大街上的人们的畏惧——甚至革命者们也有这种恐惧。[79]一旦有了议会，人民就该闭上嘴巴。从此以后，抽签被严格限于特定的公共生活领域：在某些司法案件中，人民陪审团的组成由抽签决定。

革命的"贵族化"肯定让埃德蒙·伯克心花怒放。这位英国哲学家、政治家最害怕的，莫过于人民掌握太多权力。1790 年他出版了振聋发聩的《法国大革命反思录》（*Reflections on the Revolution in France*），书中写道，治理者就该是佼佼者，但佼佼者的标准不是血统、姓氏或头衔——他也考虑到时代已经变了——而是德行与才智。他补充道：

> 于任何人而言，理发师或蜡烛商贩这样的职业都毫无体面可言，更别说其他更为卑微的职业。这类人不该遭受政府的压迫，但如果让民众（不管是个人还是集体）来管理国家，政府又会受到压制，这一点是无可否认的……民众应该享有获得任何官职的机会，但并非对所有人都一样。任何轮番而治，任何抽签指派，任何形式的招募官员（不管是通过抽签还是轮流），都不可能产生能够管理

重大事务的政府。

古雅典范式就此穷途末路！这是我从 18 世纪末的写作者们那里听到的对抽签最直言不讳的谴责。埃德蒙·伯克反对民主，反对卢梭，反对革命，当然也反对抽签。他大肆颂扬精英人物的能力："我必须要说，出身低微却想要在仕途上拾级而上，肯定不可能如探囊取物一般……要想进入荣誉的殿堂，就必须成为人中龙凤。"[80]

埃德蒙·伯克的这些话并非没有产生回响。在"恐怖统治"那些年之后的法国新宪法讨论会（1795年）上，负责草拟律法的会议主席博瓦西·但格拉（Boissy d'Anglas）宣称："我们应该被最优秀者管理，最优秀者是受到良好教育的人，是一心一意维护法律的人。然而，这类人几乎无一例外都是有产者。他们对他们的财产所在国怀有深厚的感情，对保护他们的法律与和平感恩戴德……由有产者治理的国家秩序井然，由无产者掌管的国家则处于原始状态。"[81]

法国大革命和美国革命一样，没有终结贵族制，没有以民主制取而代之；实际上，它将世袭贵族制推下了历史舞台，代之以——借用卢梭的表述——一种"选举式贵族制"。罗伯斯庇尔甚至称之为"代议贵族制"![82]他们将君主和贵族赶下台,又巧舌如簧地用"民族""人民""绝对权力"等词语抚慰民众。随后,新兴的上层资产阶级掌权了。他们的合法性不再源于上帝、大地或出身,而是贵族制的一种遗存:选举。因此,针对如何分配极为有限的选举权,即哪些人应该享有选举权,人们展开了无休无止的讨论:为了获得选举权,人民需要缴纳越来越高昂的税费。根据1791年宪法,仅有六分之一的法国人被允许参与第一轮议会选举。热忱的革命者马拉(Marat)谴责了这种人民起义的"贵族化",并为被剥夺选举权的约1800万法国人民积极奔走。他说:"如果我们在消灭了以贵族为核心的贵族制后却开始了以富人为中心的贵族制,那么我们得到了什么?"

选举的民主化
(19世纪和20世纪)

我们先来回顾一下。在第二章中我总结道,选举作为一种民主工具已经失效,但我们现在清楚地看到,选举其实从未被视作一种民主工具。所以，病况变得更为严重了！此外，最为常见的民主工具抽签已为代议制的构思者们所摒弃，只在一个领域还能见到：司法案件中的陪审员。我们这些人，这些选举的"原教旨主义者"，几十年来死抱着投票不放，就好像它是民主的圣杯一样。但我们现在认识到，我们错付了热情，它不是圣杯，而是带毒的刀具，是一种专门用于反民主的工具。

为何我们会不辨真假、不明是非如此之久？我们应该前往第三阶段，从而戳穿"选举原教旨主义"。我在第一阶段展示了在古代和文艺复兴时期抽签民主制的情况，在第二阶段廓清了 18 世纪末的新兴精英阶层如何摒弃传统改用选举代议制。现在，我该来研究一下改头换面后的贵族制如何在 19 世纪、20 世纪甚至近期作为民主制的一部分获得了合法性——最近，这种制度可以说是四面楚歌。换句话说，反思革命的贵族化还不够，我们现在还需要审视选举的民主化。

我们先来看看术语的变化。以选举——享有这一权利的公民数量非常有限——为基础的共和制越来越多地被认为是"民主的"。观察家早在 1801 年就发现"卢梭五十年前所说的那种选举式贵族制，就是我们现在的代议民主制"。[83]二者其实是一码事，但这一点现在已被忘得精光：我们都不知道，或者说几乎都不知道现在的民主制源于贵族制。

19世纪初，伟大的托克维尔（Alexis de Tocqueville）旅居美国九个月，并考察了其新型的政治制度，他毫不犹豫地将论述美国的著作命名为《论美国的民主》。在开篇第一行他就解释了这一点："在美国逗留期间，那些吸引我的新鲜事物中最令我感兴趣的就是身份平等。"在托克维尔看来，在其他任何地方，人民主权学说都没有如此受到高度重视。托克维尔在整个19世纪都有着非同凡响的影响力，所以这部著作使得"民主"深入人心，连共和国的选举代议制都被称为选举代议民主制。

尽管如此，这并不意味着托克维尔毫无保留地赞成选举制。作为政治观察家，他可谓眼光犀利。托克维尔出身于一个旧贵族家庭，亲眼见证了几位位高权重的贵族死在断头台上，所以他完全有可能彻底否定新制度。然而，对于美国的新型政体，他有着极大的热情，并敞开心胸接纳。和众多贵族不同，托克维尔明白，美国和法国的革命并非历史进程中简单的偶然事件，而是更为宏大的变革的一部分，这场变革将持续数个世纪，给人类带来更大程度的平等。人与人之间会越来越平等，这是大势所趋。因此，他有意与旧世界分道扬镳：他拒绝了贵族头衔，放弃了宗教信仰，迎娶了一个平民。1830年代步入政坛时，他面对法国的不民主，面对法国公民几乎不可能参政的现状，感到痛心疾首。

寓居美国让托克维尔成了一位热情高涨的民主主义者，但他并没有因此不去批判这种新制度的具体程序。不管在美国还是在法国，选举都已经战胜了抽签——仅有极为狭小的领域仍采用抽签，即为一些司法案件组建陪审团时。

他对两种选拔制度分别抱持何种态度呢？有一段精妙的文字非常值得在此引用，尽管它有些冗长。早在1830年托克维尔就写下了以下这段论述选举制度的文字，真是不可思议。

一临近选举，行政权的首脑只考虑行将开始的斗争。他不再前进，他不会提出任何新的企划，而只会懒洋洋地处理那些也许将由另一个人来结束的工作……而在全国，人们的目光都集中于一点：瞪眼看着行将开始的分娩的阵痛……仍可把美国选举总统的时期看作全国的紧急时期……

在指定的选举日到来之前的很长一段时期内，选举是最重要的而且可以说是全国唯一关心的大事。因此，各党派又积极活动起来，凡是能够想象出来的党派激情，又在这时于一个幸福安静的国家里荡漾起来。

而在任的总统，则专心于设法自卫。他不再为国家的利益去处理政务，只为再次当选而忙碌。他为了获得多数支持而讨好选民，他不但不按其职责所要求的那样去控制自己的激情，反而经常任意发作。

随着选举的临近，各种阴谋活动益加积极起来，而选举的热潮亦更加上涨和扩大。公民们分成数个对立的阵营，每个阵营都高举自己候选人的旗帜。这时，全国到处兴奋若狂，选举成了报纸的头条新闻、私人交谈的话题、一切行动的目的、一切思想的中心和当前的唯一兴趣。

不错，选举的结果一经公布，这种热情随即消失，一切又恢复平静，而看来似乎即将决堤的河水，又静静地流在原来的河道，但是，看到这场本来以为可以刮大的风暴，怎么会不使人惊奇呢？①[84]

这很可能是对选举代议民主制最早的批评之一，其中评述了大选中的狂热、政体的瘫痪、媒体宣传，简而言之就是选举代议民主制的歇斯底里症。托克维尔完全肯定了抽签产生的陪审团，因为这一制度让"一定数量的公民被偶然选上，短暂地拥有审判权"。我还想节选如下一段文字：

陪审制度，特别是民事陪审制度，能使法官的一部分思维习惯进入所有公民的头脑。而这种思维习惯，正是人民为使自己自由而要养成的习惯。

（在这里我要指出，托克维尔和亚里士多德一样，把自由和在某些场合承担责任关联起来，并认为自由是可以后天习得的东西。）

---

① 引文参考了董果良的译本（商务印书馆，1997，第144~151页）。

陪审制度以迫使人们去做与己无关的其他事情的办法去克服个人的自私自利，而这种自私自利则是社会的积垢。

陪审制度对于判决的形成和人的知识的提高有重大贡献。我认为，这正是它的最大好处。应当把陪审团看成一所常设的免费学校，每个陪审员在这里运用自己的权利，经常同上层阶级的最有教养和最有知识的人士接触，学习运用法律的技术，并依靠律师的帮助、法官的指点甚至政党的责问，而使自己精通了法律。我认为，美国人的政治常识和实践知识，主要是在长期运用民事陪审制度当中获得的。

我不知道陪审团是否对涉讼的人有利，但我确信它对主审的法官有利。我把陪审团视为社会能够用以教育人民的最有效手段之一。[1][85]

尽管美国的政治制度在起步阶段展现了民主制的种种潜力，但托克维尔看到了总统大选必然会带来的弊端，对

---

[1]　引自董果良的译本（商务印书馆，1997，第316页）。

此深感遗憾，即便在那时美国还没有出现大众政党，也没有出现大众传媒。

　　在两卷本《论美国的民主》问世的那几年，另一个重大事件促进了选举代议制的发展：1830 年比利时独立。比利时是个小国，在独立前夕仍处于外国列强掌控之中，更不用说在法国大革命之前，这片土地曾先后属于奥地利、法国、荷兰，所以人们对它为何竟有如此大的影响力深感困惑。然而，事实的确如此。比利时的宪法还被载入史册，因为它是选举代议制宪法的典范之作。[86]

　　比利时获得独立的过程可以说人尽皆知：先是发生了一系列反对现有政体的小规模冲突（1830 年 8 月至 9 月），随后，在制宪会议期间出现了革命的贵族化趋势（1830 年 10 月至 1831 年 2 月）。这场革命是由激进分子、共和派以及民主派推动的，宪法制定却成了贵族、教士及温和的自由主义者的事。难道还会有其他走向吗？1830 年 10 月 3 日比利时选举国民议会（第一届国会，其职责是制定宪法）的成员时，只有 46000 人拥有选举权，不到总人口的 1%。唯有那些缴纳了相当数量的税款的人，才有权发出自己的声音。他们大多是大地主、贵族和自由职业者，这些人将决定国家的未来。此外，一些"才能出众的选民"，如神父、大学教授等也有投票权，这类公民虽然纳税不多，但在群众中呼声甚高。国民议会共有 200 名成员，其中有 45 名贵族、38 名律师、21 名法官、13 名神职人员。其中一半的成员在比利时独立之前就已经担任公职，所以，国家独立前后的断裂并没有人们以为的那么巨大。[87]

比利时人没有延续对革命的狂热。比利时的宪法是一种温和的妥协，不管是其他国家之人还是比利时人自己都欣然接受了它，因为它让大家各得其所。对于保守派而言，以下三个方面是非常让人满意的：新政体是君主制（而不是共和制），纳税选举制得以存续（而不是扩大投票权），参议院得以创立（而不是只有议会）。参议院对保守派意义重大，因为如此一来，贵族在新国家中仍拥有自己的机构。此外，选民的财产门槛设立得很高，所以只有大财主才有希望入选议员：举国上下仅有 400 人有资格被选进这个上等的议会。

新生的比利时社会中的进步派在以下几个方面取得了艰难的胜利：国王必须服从宪法和议会（人们称之

为君主立宪制或议会君主制）；选举分为直接选举和间接选举（不同于美国和法国）；新闻自由和集会自由被写进了宪法；陪审团仍采用抽签来选出陪审员。纳税达到一定的数额才拥有选举权，这一点不变，但没有之前那么严苛。95 个比利时公民中就有 1 个可以投票；而在法国，在 160 名公民中才有 1 人可以——那时，法国又重新实行君主制。[88]只有人民起义中提出的最根本的方面未能得到变革。

尽管比利时宪法四分之三的内容来自先前的法国宪法和荷兰宪法，但它是有开创性的：它建立了一套先进的制衡体系，使国家最高领导人、议会和政府这三者互相钳制。观察家们的火眼金睛注意到了比利时宪法的独到之处。

我们现在已经淡忘了这部宪法的重大影响，但在 19 世纪，它的确为新生的现代民族国家提供了参照。萨克森宪法（1831 年）、瑞士联邦宪法（1848 年）以及法兰克福议会通过的联邦法律基本框架（1849 年）都从中汲取了灵感。还有一些宪法也深受其影响，如西班牙宪法（1837 年）。在 1848 年这个革命年之后，它为多个国家的宪法提供了蓝本：希腊（1848 年和 1864

年)、荷兰（1848 年)、卢森堡（1848 年)、皮埃蒙特 – 萨丁尼亚王国（1848 年)、普鲁士（1850 年)、罗马尼亚（1866 年)、保加利亚（1879 年)，甚至还有奥斯曼帝国（1876 年，也就是后来的土耳其)。荷兰、卢森堡、希腊、罗马尼亚和保加利亚的宪法简直与比利时的一模一样。20 世纪初，甚至在伊朗（1906 年）都能看到这部宪法的影响力。1918 年后，一些新近独立的中欧国家，如波兰、匈牙利、捷克，也从中汲取了营养。[89]

一项近期的比较研究证实了以上说法："1831 年比利时宪法是早于 1848 年的宪法中最重要的一部。"[90]《新编剑桥世界近代史》说它是一个"灯塔"，是一部"确确实实超过了当时欧洲任何一部宪法"的法律：

> 这一具有代表性的宪法包含了那么多独一无二的内容，优于其他法律，甚至可以说，这部宪法本应获得更多效仿。[91]

总而言之，这部既简洁又明确的包含 139 个条款的宪法是至关重要的，在整整一个世纪中，现代世界的众多国家都对其有所借鉴。因此，比利时的选举代议制成为一种标准：托克维尔称这种制度为"民主制"，比利时宪法将其正式化，从而可以在各个国家加以复制。自1850 年起，为民主而进行的战斗的目的已不再是反对选举，而是扩大投票权。工人运动在欧洲遍地开花，他们的核心要求之一就是获得投票权，相较而言，几乎没有人为抽签摇旗呐喊。在群众中，抽签甚至称得上臭名昭著：它总是让人想起一件令人备感耻辱的事情，那就是通过抽签招募新兵。法国人在 18 世纪末发明了这样的征兵方式，而在比利时以及其他一些国家，这种做法存在了长达一个世纪之久，让太多人灰心失望。佛兰芒文学之父亨德里克·康西安斯（Hendrik Conscience）有一部名为《新兵》（1849 年）的短篇小说写得甚是精妙，无疑是这一题材的上佳之作。[92]

之所以要通过抽签募兵，显然不是为了什么政治上的机会均等，而是要公平地分配大家都不想履行的义务，至少理论上是这样。而事实上，它助长了一种不公：如果抽中的是富裕的年轻人，那么他们就会支付一大笔钱，让一位年富力强的农民或一名工人子弟代为服役。所以，抽签在底层百姓中深受憎恶，因为贵族可以从中渔利。这真是 180 度大转弯！转眼间，选举成了民主性质的，而抽签变成了贵族性质的！没有哪个社会主义政党的领导人建议使用抽签，也没有哪位乡村神父为它辩护。抽签已经过时了。

1891 年，詹姆斯·威克利夫·黑德勒姆发表了第一部深入研究古雅典抽签制的大部头著作，并在剑桥大学国王学院继续推进这一研究。他只能用以下语言来介绍自己这本书："在历史上存在过的所有制度中，通过抽签来选择公职人员是最让人费解的。我们完全没有体验过这样一种制度，而且提出要重新引进它显得极其可笑，所以我们有些不能相信它曾经在一个文明社会如此普及。"[93]

半个世纪后，在 1948 年，《世界人权宣言》告诉我们："这一意志应以定期和真正的选举予以表现。"又过了半个世纪，在一本全球畅销书中，法兰西斯·福山（Francis Fukuyama）赞美了议会民主制与市场经济的神秘联姻，从而宣告了"历史之终结"。他说："如果一个国家定期实行选举和匿名投票，并且（对于多党制的国家来说）所有成年人都能平等地参加普选，从而保证人民能够自己选出政府，那么这个国家就是民

反对选举

主制国家。"⁹⁴

就这样，大家达成了共识。

这就是我们的"选举原教旨主义"的病发机理：最为民主的政治工具抽签在 19 世纪被选举取代了；而选举从前从未被看作一种民主工具，它导致了一种新的、非世袭的贵族制。投票权的扩大使这一贵族性质的程序越来越民主化，尽管在寡头制度下治理者和被治理者、政客与选民之间一如既往地存在着根本上的不同。不同于林肯的期望，选举民主制带来的更多是一种民享的政府，而不是民治的政府。它必然与一种纵向的因素密切相关：它总是要保留"上级"和"下级"，也就是统治者和臣民。所以，投票就变成了一种让少数个体上升的升降电梯。因此，选举民主制成为保留了自由选举色彩的封建制，人们都认可封建制是一种内部殖民主义。

"民主疲劳综合征"在今天随处可见，这正是将选举代议制神圣化的正常后果。几十年来，选举让民主的发动机运转，但现在我们越来越强烈地意识到，选举其实是一种从外部借来的东西。当然，我们在过去已经对其进行了足够多的打磨与修饰，让它或多或少可以被很好地镶入人民主权的机床内。但在使用它两个世纪后，

· 108 ·

我们注意到它正在加速磨损。民主制没有实现高效化，合法性又陷入危机。不满、不信任以及抗议此起彼伏。在各个国家，人们都不得不思考以下问题：难道不可以想象另一种民主吗？在这一背景下，抽签这一观念再次进入人们的视野，对此我们又有什么可惊讶的呢？

第四章　良药

人们常说甘地有句精妙的名言（这句话其实来自中非）："在没有我参与时，你为我做的一切都是在与我对抗。"这是对当今选举代议民主制悲剧的一个很好总结：治理人民却又不让其参与政治，即使是出于最好的意愿，也仅仅是程度有限的治理而已。在 18 世纪，民众大多目不识丁，大片地区人迹罕至，因此采用选举这一政治模式在一定程度上是有切实理由的。但如今这种选择仍然合理吗？

抽签挑选的强势回归：协商民主
（20世纪末）

1988 年 8 月，詹姆斯·菲什金（James Fishkin）在美国期刊《大西洋月刊》（*The Atlantic Monthly*）上发

表了一篇引人瞩目的文章，区区两页的内容竟让人大吃一惊。该篇文章的发表恰逢老布什战胜迈克尔·杜卡基斯（Michael Dukakis）赢得大选的前几个月，这两位都是各自政党经过长期且大范围的初选和全国性政党会议后推选出来的候选人。在美国，这样的选举淘汰赛一般从爱荷华州和新罕布什尔州开始，且媒体会进行全方位的报道，因此这两个州获得了远超其应有的关注。候选人如果在这一局获得好成绩，就会得到更多上电视的机会；如果结果不理想，就会丧失机会，遭遇资助人撤资。所以，在政党的支持者们还未开始斟酌人选之前，媒体和赞助人的游戏规则已经就这一问题做出了裁决。

詹姆斯·菲什金提出了质疑：这种现象正常吗？这样的程序在何种程度上称得上民主？这位得克萨斯大学的年轻教授对近年来该领域的著述了如指掌。他读过政治学家简·曼斯布里奇（Jane Mansbridge）几年前发表的《超越对立民主》（*Beyond Adversary Democracy*）。曼斯布里奇认为，美国有对立式和统一式两种民主传统：前者是对抗的，后者是相互尊重的；前者让各党派相互对立，后者允许民众共同探讨政治。詹姆斯·菲什金当然也读过本杰明·巴伯尔（Benjamin Barber）1984 年出版的《强势民主》（*Strong Democracy*）一书，这是 20 世纪末最有影响力的政治学著作之一。巴伯尔在书中区分了强势民主和弱势民主，认为当今民主的代表性和冲突性就是弱势民主的特征。

那是一个激情澎湃的时代。作为二战后最伟大的哲学家和政治学家，约翰·罗尔斯（John Rawls）和尤尔根·哈贝马斯（Jürgen Habermas）主张民众更广泛地参与关于未来社会构建的讨论。随着越来越多的研究者开始警惕现存制度的局限性，这类讨论无疑将在理性的氛围中展开，并且能使民主更加正当合理。

难道不应将这些新观点付诸实践吗？菲什金在《大西洋月刊》那篇著名的文章中提出了方案：在两周内从美国各地召集 1500 位公民以及共和党与民主党的所有总统候选人，请这些公民听取各候选人的工作计划，并展开共同探讨；而其他人可以通过电视媒体跟进他们的协商，以便做出更加合理的选择。菲什金有意重拾雅典民主的两个方面，那就是参与者通过抽签的方式产生，并且可以获得一笔报酬，以此来保障最大程度的多样性。"具有任意性的样本才能带来政治平等。理论上，所有公民都有均等的机会被选为参与者。"政治机会均等意味着雅典范式的浴火重生。但菲什金主张的具有任意性的样本并不仅仅是一种民意调查："民意调查只能获得公众未经深思熟虑的观点……而协商民调可以测量公众在有机会考虑时的想法。"

协商民主就此诞生，在这一制度下，公民不仅为政客投票，而且会相互讨论，或是与专家探讨。集体讨论在协商民主中占据核心地位，所有参与者基于获得的信息以及自己的论据，就面临的社会问题提出具体合理的方案。为了避免某些能言善辩之人打乱这种集体进程，参与者一般被分为多个小组，并且配有专业的调解者和事先定好的流程。近些年来，以协商民主为主题的文学作品几近爆发式地问世，不过为它们提供启发是两千五百年前的事件。菲什金解释道："把政治平等和协商相结合的方法可追溯至古雅典时期，那时候，人们用抽签选出的几百人组成协商民主团体，从而做出至关重要的决策。随着雅典式民主的衰落，这种实践被慢慢废弃，随之被人们遗忘。"[95]

菲什金不断探索具体的组织形式和方法，一心想要将想法付诸实践，但到 1992 年大选之时他仍未准备妥当。如何让参与者抵达预定场所？他们在哪里过夜？两个星期是一段很长的时间，而且 1500 人着实是个不小的数目。因此，他调整了自己的计划：召集 600 名参与者且活动仅持续一周。如此一来，其方案不仅更具可行性，而且仍能保证结果的代表性。在英国组织了几场小规模的协商活动之后，菲什金终于在 1996 年比尔·克林顿（Bill Clinton）和鲍勃·多尔（Bob Dole）对阵竞选总统之际准备好了。1 月 18 日到 21 日，第一次协商式民意调查［也被称为全国议题会议（Nation Issues Convention）］在得克萨斯州首府奥斯汀展开。菲什金收到了来自包括美国航空、西南贝尔（Southwestern Bell）、奥斯汀市政府、美国公共电视网（Public Broadcasting Service）在内的赞助人共计 400 万美元的资金支持。美国公共电视网对这次讨论进行了四个多小时的直播，以便让广大民众可以跟进抽签选出的公民代表和不同总统候选人之间的商议沟通。这次活动虽然得到了如此大力的支持，但仍遭到了不少反对。一些舆论公然抨击此次动议，甚至在活动开始之前，《公众观察》（*Public Perspective*）杂志向全美国的记者都寄送了反对文章。[96]公众集中讨论？这是不可能的，或者至少不是人心所向，毕竟这是"危险"的。

菲什金并不气馁，身为学者的他希望探寻这种模式的民众讨论可以带来什么。他让参与者分别在讨论前、讨论中和讨论后填写问卷，以便测评他们观点的发展变化。参与者们在活动前收到了描述纯事实的材料，并获得了相互探讨或与专家对话的机会。这样做真的可以影响参与者的观点吗？他们大部分人"互相尊重、富有幽默感、有着共同的追求，从而造就了一个可以包容不同意见的集体氛围"，这给观察员留下了深刻的印象。[97]

本次测评的结论令人惊叹。在讨论前后，公民的观点差异相当巨大，整个讨论过程无疑提高了公民代表政治判断方面的能力与老练程度，让他们学会了适时调整自己的观点，感受了政治决策的复杂性。这次测评首次科学地证明，一旦有合适的方法手段，普通民众也可以成为胜任政治任务的公民。菲什金认为这种模式可以摒弃那种"被民调、政治措辞摘录和标语主导的大众民主"，建立能听到"真正民众声音"的民主制度，为强化民主化进程提供机会。[98]

菲什金提出的协商民主可谓政治学研究的一个真正

转折点。但在他之后，无人再继续深入探索。对协商民主给病入膏肓的选举代议民主制带来强劲驱动力的可能性，谨慎的研究者们都心存疑虑。公民对公共生活的参与不应局限于游行、罢工、写请愿书或其他被允许在公共场合进行的动员，他们应该深入各个政府机构。菲什金后来在世界各地亲自组织了数十次协商式民调，其结果往往出人意料。[99]他的工作所在地得克萨斯州曾多次通过抽签挑选公民代表，他们共同协商当地能源问题，这一议题对于盛产石油的得克萨斯州而言颇为复杂。经过协商讨论后，愿意支付更多的钱使用风能或太阳能的公民比例从 52% 增长至 84%！正是由于支持者数量激增，得克萨斯州成为 2007 年美国拥有最多风力发电机的地区；而在十年前，得克萨斯还落后于平均水平。在日本，人们就养老金问题进行了协商；在保加利亚，人们讨论了对吉普赛人的歧视；在巴西，共同商议针对的是公共服务行业的问题；中国则探讨了城市政策问题。类似情形不一而足。每一次协商都会带来新的法律条文。协商民主似乎在极度分裂的国家或地区也能运转，北爱尔兰就是一个例证。菲什金让信奉天主教和新教的父母就教育改革进行商议，他发现那些愿意互相交流而不是内部探讨的父母能够提出更为具体可行的建议。

　　在其他国家，新的公民参与模式备受追捧。自 1970
年代以来，德国开设了计划单元（planungszellen）。丹
麦于 1986 年设立了技术理事会（Teknologi-rådet），这
一与议会并行的机构鼓励普通民众积极讨论新科技
（如转基因生物技术）的使用后果。法国于 1955 年创
建了公开辩论全国委员会（Commission nationale pour le
débat public），公民因而可以参与环境和基础建设等问
题的协商。英国则设立了公民陪审团（Citizen Juries）。
而佛兰德斯在 2000 年创建了社会与科学研究所
（Institut Samenleving en Technology），动员民众参与科技
领域的公共事务。此类参政模式不胜枚举。网站
participedia. net 发布了近年来数百次协商案例的相关信
息，而且据其统计，协商项目的数量与日俱增。

　　在城市中，这类实验可取得最佳效果。纽约市邀请
普通民众参与为期两天的讨论，就世贸大厦遗址上的重
建工程做出决策。在曼彻斯特，讨论的主题是如何预防
犯罪。在巴西的阿雷格里港以及北美洲的诸多城市，公
民都直接参与了制定预算政策的协商活动。在中国的温
岭，抽签选出的公民可以就大型基础工程项目的优先顺

序提出建议。2013 年，在鹿特丹南部和比利时的亨克，众多公民代表讨论了未来的主要社会经济挑战。

参与式民主的推行范围不只是地方或国家。欧盟开展了大规模的协商民主活动 ［2005 年的"共识会议" （Meeting of the Minds）、2007 年和 2009 年的欧洲公民协商会议］，并称 2013 年为"欧洲公民年"。

不管协商以何种模式进行——公民陪审团、"小众讨论"（mini-publics）、共识会议、协商式民调、计划单元、公共辩论、公民集会、人民议会、市政厅会议，活动组织者都一直认为在两次选举之间聆听民众的声音大有裨益。随机的代议民主制极大地丰富了选举代议民主制。

要进行一次协商活动，首先需要确定代表性样本。如果公民自己主动前来参与活动，我们可以确定他们具有极高的积极性而且会尽心尽力。但自荐也有弊端，那就是这类公民大多是 30 岁以上、受教育程度高且极具辩才的白人男性，也就是所谓的"职业公民"（citoyens professionnels）。这并非理想的样本。如果通过抽签来招募参与者，我们可以获得多样性更强、更为合理的样本，但这样做成本更高，因为获得一个具有代表性的优质样本的费用相当高昂，而且并非自愿前来的参与者事先对所商议之事知之甚少，可能很快就会对协商活动感到兴味索然。简言之，自荐可以提高效率，而抽签可以确保合理性。人们有时会采取一种折中的方式：先抽签再自荐，或是先自荐再抽签。

2008 年 4 月，澳大利亚总理陆克文（Kevin Rudd）为 2020 年的澳大利亚公民峰会召集了上千名公民。他在寻找全国"最优秀的、最有才华的"的公民，这个说法可以追溯至 18 世纪末。公民作为候选人需要列出自己的资质证明，递交一份动机信，并阐明自己对于参与协商的看法。而政府对他们的交通和住宿费用竟不做任何补贴——而且是在澳大利亚这样一个幅员辽阔的国家。有多少澳大利亚北部的土著贫穷女性想要预订前往堪培拉的票？这种做法等于用自我选举贵族制而不是民主制替代原来的选举贵族制，也就是说情况更糟了。公民参与成了"精英政治的秘密会议"。[100]

民主实践的革新
（2004～2013年）

在近些年的所有协商活动中，我认为有五次是非常大胆且意义重大的。其中两次在加拿大举行，剩下的分别在荷兰、冰岛和爱尔兰举行。五次活动都发生在过去十年左右（爱尔兰的协商持续到了 2013 年末），全都获得了暂时授权，还获得了来自政府部门的可观预算，且全都非常关注选举法的革新甚至是宪法的修改等至关重要的问题。我们确实处在民主的心脏地带。这些活动与让公民商议是否使用风力发电或玉米汽油的活动相当不同。

表 2 列出了每一次活动的基本信息。我划分了两个阶段。第一阶段是 2004 年到 2009 年，其间加拿大的不列颠哥伦比亚省和安大略省举行了公民讨论会，荷兰则开展了三次探讨现有选举法改革（至少拟定一个改革提案）的协商活动。

第二个阶段始于 2010 年，至今还未结束。它包含冰岛的制宪会议和爱尔兰的宪法大会，二者都提出要修订宪法。爱尔兰的活动着重关注宪法的 8 个条款，冰岛的活动则涉及整部宪法。邀请普通民众参与宪法的修订绝非小事，在 2008 年的信贷危机中遭受重大损失的爱尔兰和冰岛敢于推动如此巨大的民主改革，这绝非偶然。冰岛的破产和爱尔兰的经济萧条都是对主流民主

表 2　五个西方国家（或地区）的民主革新

国家（或地区）	不列颠哥伦比亚省（加拿大）	荷兰	安大略省（加拿大）	冰岛	爱尔兰
协商活动	改革选举法的公民讨论会（2004年）	改革选举制度的公民讨论会（2006年）	改革选举法的公民讨论会（2006~2007年）	制宪会议（2010~2012年）	宪法大会（2013年）
任务	改革选举制度	改革选举制度	改革选举制度	修订整部宪法	修订宪法中的8个条款
执行者	政府	政府	政府	议会	议会
任期	1年	9个月（10个周末）	9个月	2年（分3个阶段）	1年
预算（欧元）	410万	510万（不包含人力成本）	450万	220万	120万
人数	160人	140人	103人	25人	100人
组成方式	79个选区各选1名男性和1名女性，再加2位原住民	根据省份和性别按比例分配	每个选区选1名代表，应有52名女性、51名男性，其中至少有1位原住民	根据性别和地区按比例分配	66名公民和33名政客（29名来自爱尔兰共和国，4名来自北爱尔兰），再加1位会议主席

国家（或地区）	不列颠哥伦比亚省（加拿大）	荷兰	安大略省（加拿大）	冰岛	爱尔兰
挑选方式	分三个阶段招募：1. 抽签：从选民名单中抽选 2. 自荐：感兴趣的民众先参加一次信息介绍会议，随后确认是否报名 3. 抽签：从候选人中抽选公民代表			通过直接选举产生：1. 522位候选人 2. 然后选举出25位代表 3. 由议会指定	各类别挑选方式有所不同：1. 指定会议主席 2. 抽签选出公民代表 3. 选举产生政治家
报酬	110欧元/天，另加费用报销和负责照顾孩子	400欧元/周末	110欧元/天	每位参与者获得相当于议员四个月工资的报酬	报销所有费用
实施方法	全过程分为三个阶段，各阶段持续三至四个月不等：1. 专家培训阶段 2. 咨询公民意见阶段（区域性会议）3. 决策与报告阶段			1. 全国性讨论会：1000位公民 2. 宪法委员会：7位政治家提出建议 3. 决定宪法前的理事会：25位公民	1. 与专家共处八个月 2. 每个人都可提出建议 3. 召开区域性会议 4. 现场直播全体会议

续表

国家 （或地区）	不列颠哥伦比亚省（加拿大）	荷兰	安大略省 （加拿大）	冰岛	爱尔兰
汇报	重视每人一张选票（2004 年 12 月）	一张选票，多种选择（2006 年 12 月）	一张选票，两次表决（2007 年 5 月）	向冰岛共和国提交一部新宪法（2011 年 7 月）	在宪法大会做报告并提出建议
授权情况	有约束力；须全民公投使其生效	无约束力	有约束力；须全民公投使其生效	有约束力；须全民公投使其生效	有约束力；须在议会获得多数票后方能生效
后续	全民公投 2005 年：获 57.7% 票数 2009 年：获 39.9% 票数	无全民公投 2008 年：被政府弃置一旁	全民公投 2007 年：获 36.9% 票数	全民公投 2012 年：每个议题都要获得 2/3 的多数票，议会需要表决两次，其间有一次选举	建议被提交至议会，无论是否进行全民公投，议会须在议会在四个月内做出决定。如进行公投，则获得多数票即可

· 123 ·

模式的严峻考验。当局应行动起来，重建公民对政府的信任。

2004 年，不列颠哥伦比亚省开启了现代最为雄心勃勃的协商进程。这个加拿大省份想将改革选举法的重任交予 160 位随机选出的公民代表。2004 年时，加拿大仍在使用英国的选举制度，即多数代表制：候选人哪怕以微弱的优势领先，也会获得选区的所有选票（赢家通吃），这与比例代表制极为不同。多数代表制合理吗？在将近一年的时间里，公民讨论会的参与者们定期碰头。仅靠政党本身很难对选举条例做出任何修改，政党不具有发言权，因为政党人士相较于为公众谋福祉，更在意一个新的提案会在何种程度上于他们自己不利。

因此，在安大略省，与独立自主的公民协商似乎是合情合理的。安大略省的人口是不列颠哥伦比亚省的三倍，但前者仍邀请了从选民名单中随机选出的诸多公民参与协商活动。感兴趣的民众可以先参加一次信息介绍会议，会后他们如果希望参加协商就确认报名。讨论会的 103 名代表会通过抽签选出：应有 52 名女性、51 名男性，其中至少有 1 位原住民，还需考虑年龄金字塔。在这个团体中，只有会议主席是指定的。在抽签确定的最终参与名单中，77 人出生于加拿大，27 人来自外国。他们的职业有保育员、会计、工人、教师、公务员、企业家、程序员、学生、医务人员等。

尽管荷兰的选举采用的是一种比例代表制，但近年来六六民主党①要求改良荷兰民主制的相关规定。2003年，六六民主党在参与组阁协商时试图说服联合政府中的伙伴们借鉴加拿大的经验，建立一个关于选举的公民讨论会。其他政党对它的提议兴趣不大，但如果这就是说服六六民主党加入联合政府的代价，那么这些政党已经准备好接受这一提议。在 2006 年的选举中，六六民主党脱离联合政府，该计划因此被束之高阁——这件事做得隐秘至极，所以大多数荷兰人，甚至最忠实的报纸读者，都对此闻所未闻或是几乎想不起来了。这实在令人遗憾，因为加拿大的同类机构已经完成了一些重大项目。[101]

在上述三个例子中，招募分为三个步骤：1. 从选民名单中抽签选出随机样本，被选中的公民会收到邮局寄来的邀请函；2. 随后是一个自荐过程，所有感兴趣

---

① 六六民主党（D66）为社会自由主义党，属于中左派。

的人都可以参与一次信息介绍会议，并报名成为候选人；3. 通过抽签在候选人中选出最终成员，这个过程应考虑年龄、性别以及其他标准的均衡分配。所以总共有三步：先抽签，然后自荐，再抽签。

在这三个国家，协商持续了 9～12 个月不等，其间参与者们第一次有机会与专家对话并翻阅一些档案，以便熟悉议题。而后，他们征询其他公民的意见，相互商议切磋。最后，他们提出一个修订选举法的具体方案。（顺便说一下，安大略省的民众选择了不同于不列颠哥伦比亚省的选举方法：协商并非让最终抉择与预设方向保持一致的手段。）

人们在网上阅读加拿大和荷兰的公民讨论会报告后，都因两国在论证技术改进时的细微差别而震惊不已。那些怀疑随机选出的普通民众不能做出明智而理性的决策之人，都应当读一读这些报告。菲什金的研究成果再次得到了证实。

但三次活动都没有对政策产生切实的影响，这是显而易见的。难道说明智的投入几乎没有获得具体的结果？是的。在这三个案例中，公民讨论会的提议必须在全民公投中得到认可。抽签似乎仍不是一个常用的民主工具，所以还不能一下子就享有无可争议的合法性，这就好比美国公民陪审团的判决仍需要全民公投来使其生效。然而，事情确实就是这样发生的：数十位代表几个月的工作成果要由全体人民即刻做出评判。在不列颠哥伦比亚省，57.7%的公民投出了赞成票。赞成人数已经非常之多了，但略微低于所要求的60%。（2009年这一提案又获得了一次公投的机会，但公众的热忱下跌，只获得了39.9%的支持率。）在安大略省仅有36.9%的公民表示赞成。荷兰首相扬·彼得·巴尔克嫩德（Jan Peter Balkenende）的内阁没有采纳公民讨论会有关选举法的提议，尽管他们已经为此花费了500多万欧元。

民主革新是一个缓慢的过程，因此加拿大和荷兰最终的失败是非常有启发性的。究其原因，有以下几点值得注意：1. 参与公投的公民没有听取商议过程，他们在投票站所表达的未经深思熟虑的观点与参与者们深思熟虑的观点完全不同；[102] 2. 公民讨论会只是临时性的机构，权力相当有限，所以话语权比不上正式的机构；3. 政党往往不信任或者干脆无视公民代表的提议，因为改革选举法往往意味着削弱政党的权力（荷兰政府甚至不组织全民公投，直接将公民讨论会的提议弃置一旁）；[103] 4. 不管提议内容为何，加拿大的商业媒体总是对公民讨论会极度敌视，安大略省的新闻媒体甚至会"歇斯底里、消极沮丧"；[104] 5. 公民讨论会往往没有经验丰富的发言人，也不具备充足的活动经费，尽管决定由新闻媒体发布，但公民讨论会的经费大多被用在了内部运转而不是推广活动上；6. 关于复杂改革提案的公投或许总是非常利于说"不"的阵营——如果你不知道，就说"不"。在欧盟宪法中，反对者的怀疑足以令说"是"的阵营不得不更加努力地工作，将更多精力放在沟通上。我们应该追问：进行公投是解决复杂问题的最佳方法吗？[105]

近几十年来，人们将公投视作一种改革民主制的有效手段。随着个体化的突出、市民社会的式微，诸多观察家认为在面对存有争议的议题时，直接询问人民的意见是有用的。尽管荷兰、法国和爱尔兰就欧盟宪法发起的公投在一定程度上浇灭了人民的热情，全民公投仍享有相当广泛的支持，这从加泰罗尼亚和苏格兰的独立公投、英国的脱欧公投可见一斑。全民公投和协商民主都会直接征求普通民众的意见，但二者截然不同：在全民公投中，政府要求所有人就一个他们知之甚少的议题进行投票；而在协商活动中，政府只聆听一个掌握了议题各方面信息的代表性样本的意见。全民公投体现的是人民的直觉反应，而协商活动能获得民众的理性观点。

公民讨论会的工作完成得非常出色，但也只是徒劳。其参与者早晚都得将这些发现公之于众，这一过程不无困难，因为隐秘的协商活动会突然暴露在耀眼的光线之下。事实证明，最为激烈的反对者总是来自政党和商业媒体，这一普遍现象非常有趣。敌意从何而来？众多学者和活动家都拿这一问题反躬自问。市民社会希望公民能够更多地参与公共生活（尽管这仅仅是因为一百多年来，工会、雇主协会、青年运动、妇女组织以及社会生活中的其他活跃者都参与其中），新闻媒体和政客却往往看不起公民。是因为他们习惯于担任公众意见的守门员而不愿放弃这一特权吗？这当然是一个原因。是因为新闻媒体和政客都属于旧的选举代议制，新形式的民主对于他们来说可能会有些难以接受吗？有可能。或者还因为习惯了自上而下的体制的人很难应对自下而上的体制吗？也不排除这种可能性。

但还有其他原因。各个政党因选民的抉择而焦虑不已。我们知道，很多公民不信任他们的政客，但根据新近的观察，政客也不把他们的公民放在眼里。我们都还记得荷兰研究员彼得·坎内的调查结果：90% 的政客都瞧不起普通民众。如果政客们都认为民众与他们意见相左，那么他们对人民的参与持怀疑态度也就不足为奇了。

新闻媒体也心有疑虑。对于参与者而言，抽签选出的公民代表们展开的商议活动时常是紧张而激烈的，但现在的新闻报道形式很难体现这一点：在媒体报道下，协商活动往往进展缓慢，不会发生重大冲突，参与者中没有出名人物，也没有领导者。公民代表们手里拿着便利贴和记号笔，围坐在圆桌边展开商议，这样的场景对于观众而言实在是乏味至极。议会民主就如同一出好戏，人们在电视媒体中可以看到诸多精彩纷呈的时刻；而协商民主缺少戏剧性情节，难以呈现为一个有较强故事性的活动。英国电视四台曾做过一档叫作"人民议会"（The People's Parliament）的节目，他们聘请菲什金担任节目顾问，并随机选出几百名公民就青少年犯罪、投票权等颇具争议性的话题展开辩论。该节目仅播出了几期就被叫停，因为它吸引不了观众的眼球。[106]这一例子也说明了为何新闻媒体对协商民主持保留态度。

第四章　良药

　　冰岛的协商活动汲取了加拿大和荷兰的经验教训。为避免公民代表们的工作成果被置之不理，冰岛在三个重要方面做出了相应的调整。第一，不是抽签选出100~160人，而是通过选举选出 25 位代表！每一位候选人需获得 30 人的签名，而候选人总共有 522 位。除此之外的其他选民通过投票选出协商小组的 25 位成员。（由于政党间的争吵，投票被宣告无效，议会决定由他们自己选出团队成员，不过这无足轻重，因为基本原则是制宪会议须经选举形成。）第二，要极力避免让公民和政客觉得协商小组的活动缺乏合法性。因此，政府要求成千上万的公民事先就新宪法的原则和价值展开讨论，而 7 名政客将初步意见整理成一份长达 700 页的文件。这是为了先发制人，堵住悠悠众口。第三，组织者有意不把 25 位代表关在一个"黑盒子"里。被关在这类盒子里的代表会在商议数月后拿出一部已完成的宪法；与之相反，公民讨论会在修宪期间，每周都会在网上公布暂定的宪法条款，而普通民众可在脸书、推特以及其他媒体平台上进行评论，随后，参考了这些评论的更新版又会被放到网上，这样的过程将循环往复。冰岛就此次修宪总计收到了近 4000 条评论，这极大地丰富了协商活动。透明性和共同商议都是关键。《国际先驱论坛报》（*International Herald Tribune*）称这部宪法为首部产生于"众包"（crowdsourcing）的宪法。

这些调整起到了相当重要的作用。2012 年 11 月 20 日这一宪法提案接受冰岛人民的公投时，三分之二的人投出了赞成票。在商议期间，制宪会议提出了另一个问题：私人岛屿上的自然资源是否应收归国有？不少于 83％ 的冰岛公民做出了肯定的回答。[107]

到目前为止，冰岛民众的大胆尝试无疑是协商民主最为成功的例子。他们之所以取得如此巨大的成功，是因为整个协商过程都完全公开透明吗？还是因为他们使用了选举而不是抽签来选出最终的 25 位公民代表？这很难说。选举措施确实让冰岛获得了诸多能人志士，而且也提高了效率——他们仅花四个月就制定了新宪法。然而，冰岛模式在合法性上有所欠缺。参与制宪会议的 25 人足够多样化吗？在这 25 人之中，有 7 名大学、博物馆或工会的领导者，5 名大学教授或讲师，4 位媒体人，4 位艺术家，2 名法官以及 1 名牧师，甚至歌手比约克（Björk）的父亲，一位顶级的工会干部，也位列其中。然而，仅有 1 个农民。[108] 从方法论上看，协商小组的人员组成情况无疑是本次活动最为薄弱的一环。相较之下，普通民众赞成提案，更多是因为其有极大的透明性。因此有人提出了这样一个问题：抽签选出的公民代表们的宪法提案——它们能做到同样程度的公开透明，但是会耗费更长的时间——能在公投中获得同样高的支持率吗？

在爱尔兰，这一问题很快也出现了。始于 2013 年 1 月的爱尔兰宪法大会也汲取了早期民主尝试的经验教训。爱尔兰人得出了如下结论：应更加紧密地与政客们联合起来（同冰岛），但在挑选公民代表时仍应以抽签为准（不同于冰岛）。爱尔兰人还认为，如果在协商之初就同政客联手，取得成功的可能性会更大。在这方面，他们比冰岛人走得更远。他们没有给予大部分人建议权，而是有意识地让政客和公民在整个协商过程中都携手合作。来自爱尔兰共和国及北爱尔兰的 66 名公民和 33 名职业政客 [格里·亚当斯（Gerry Adams）即为其中之一] 将在一年的时间内共同协商、讨论。爱尔兰既让普通民众参与协商，又给予能说会道、对局势了若指掌的政党知名人士话语权，这可能显得有些奇怪；

但这种做法可以加快政治决策的施行，消除政客对公民参与公共事务的担忧，进而避免政党对种种提案的嘲笑。协商过程有时会对参与者产生极大影响：政客对公民的不信任逐渐烟消云散，公民对政客的质疑也荡然无存。也就是说，公民的参与可以促进两者间的相互信任，尽管政客占据主导地位的风险一直存在。我们需要等待关于爱尔兰模式的分析，但如果这个程序在设计上是合理的，那么通过内部制衡机制（比如将参与者分成更小的小组、广泛地传播决策），部分参与者拥有不成比例的权重这一情况就将得以避免。

爱尔兰人毫不迟疑地选择了抽签。他们的宪法大会借鉴了由爱尔兰国立都柏林大学发起的"我们就是公民"（We the Citizens）运动，这次运动通过抽签选出公民代表，且取得了较大的成功。一个独立的研究机构依据年龄、性别及籍贯（出生于爱尔兰共和国还是北爱尔兰）随机选出了 66 人的代表团。通过这种方式选出的背景多样的参与者可以更好地就现行宪法中的同性婚姻、女性权益、禁止亵渎宗教等敏感话题展开协商讨论。参与者们不是在孤军奋战：在爱尔兰，他们听取专家们的意见，也欢迎其他公民的参与（他们收到了上

千份表达对同性婚姻的看法的文本）。大会的决策并不
具备法律效力：他们的提案先由爱尔兰众议院和参议院
核查，再由政府审核，最后再接受全民公投。所以大会
的提案会经历一道又一道关卡，因为人们担心公民讨论
会的第二个阶段将和第一个阶段一样，会因使用抽签而
激起大范围的骚乱。

未来的民主创新：以抽签模式为
基础的立法机构

我之所以要详细地探讨加拿大、荷兰、爱尔兰和冰
岛的协商例子，是因为它们的民主创新尝试确实不乏激
动人心之处。然而，尽管这些国家都大规模地开展了协
商活动，而且这些活动针对的都是至关重要的问题，但
外国的主流媒体几乎没有对其加以报道，所以它们所积
累的诸多知识和经验并未引起国际社会的广泛关注。但
信息交流上的延迟并未阻止部分人进行超前的思考。各
国的民主都在以不同的步调发展：虽然政客们仍是踌躇
不定，媒体机构仍是满腹狐疑，普通民众仍是浑然不
觉，但学者和活动家们已经走在了前端。正如比利时哲

学家菲利普·范·帕里斯（Philippe Van Parijs）所说，他们的使命就是"尽早地做正确之事"。[109] 19 世纪中叶约翰·斯图尔特·密尔（John Stuart Mill）主张女性选举权时，与他同时代的人就称其为疯子。

很多人尽管清楚地知道等待他们的是嘲弄讽刺和屈尊俯就的姿态，但近几十年来他们一直著书提倡将抽签模式明确写入宪法，并在各政府机构中实行。在他们看来，抽签的使用不该局限于临时性事务；相反，抽签选出的公民代表应成为国家机器的组成部分。如何实现这一设想是值得探讨的问题。他们都提议，由抽签挑选的公民代表组建一个立法机关。到目前为止，20 余个此类机关正在筹建之中。[110] 他们一致认为，由随机选出的公民代表组成的议会可以兼顾合法性和高效率。其合法性足够，是因为抽签模式实现了均分政治机会的理想。其效率较高，是因为这些新当选的人民代表不会因政党间的拉锯战、选举游戏、媒体大战或立法争论而心力交瘁；他们可集中精力，努力提升公共利益。下面我们来看一看 5 个重要的提案（见表 3）。[111]

1985 年，美国作家欧内斯特·卡伦巴赫（Ernest Callenbach）和迈克尔·菲利普斯（Michael Phillips）

双双建议美国将众议院（House of Representatives）改为代表院（Representative House），即 435 名代表均由抽签而非选举选出。两位作家并不是在虚构故事。卡伦巴赫 1984 年因销量高达 100 万册的《生态乌托邦》（*Ecotopia*）而名噪一时，他的诸多想法在当时显得颇为大胆，但现在已被普遍接受。银行家菲利普斯发表过《货币的七大规律》（*The Seven Laws of Money*）和《诚信经营》（*Honest Business*）等著作，在 1960 年代，他就是万事达卡公司的"大脑"。

在他们看来，选举出的代表并不具备代表性；此外，选举制度容易滋生腐败，而且金钱在其中所能起到的作用太过强大。实行抽签就能补救这一缺陷。通过抽签从陪审员名单——在美国，陪审员名单的人数多于选民——中随机挑选公民代表，而后由他们担任三年的议员。公民代表们应获得一笔数量可观的酬劳，以保证穷人想要参与活动，富人愿意放下手头的工作，忙碌之人可以腾出时间。为确保连续性，代表院不会要求全体代表同时在场，而是每年有三分之一在场即可。两位作者还指出，这些议员的职责应与众议员大致相当，他们同样需要向参议院提案并评估参议院提出的议案。

表 3　对以抽签为基础的立法机构的建议

国家（或组织）	美国	英国	英国	法国	欧盟
机构名称	代表院	同侪院	下议院	第三院	乐透院
角色	取代众议院	取代上议院	取代现有下议院	与国民议会和参议院并存	与欧洲议会并存
成员数量	435 人	600 人			200 人
组成方式	从已有的陪审员名单中抽签选出	1. 从选民名单中抽签选出 2. 自荐 3. 根据年龄、地区等条件抽签选出，再加上几名党派人士	抽签，对年龄、受教育程度以及能力有限制	在自愿的候选人中抽签选出	按比例在欧盟成员国全体成年人中抽签选出；强制性参与
任期	3 年（分批任职）	1~4 年	1~10 年		2.5 年（只能担任一次）
报酬	非常合理	至少与现任议员工资相当的报酬，加上合理的雇员补贴	非常合理	至少与现任参议员和国民议会员工资相当的报酬	组织和金钱方面的条件都非常具有吸引力

续表

国家（或组织）	美国	英国	英国	法国	欧盟
职责	1. 提出法律提案 2. 评估参议院的法律提案	只评估下议院的法律提案（确保提案是明确的、有效的、合宪的）	只评估法律提案	关注生态、社会问题，选举法、无法等等需要长期规划的议题	1. 提议立法 2. 提出建议 3. 否决
提议者	欧内斯特·卡伦巴赫和迈克尔·菲利普斯（1985年）	安尼·巴雷特和彼得·卡蒂（1998年）	基思·萨瑟兰（2008年）	伊夫·辛多默（2011年）	胡贝图斯·布赫施泰因（2009年）
其他参考文献	比恩海默（1985）；莱布（2005）；奥莱阿里（2006）	安尼·巴雷特和彼得·卡蒂（2008；扎卡拉2010）	基思·萨瑟兰（2011）		布赫施泰因和海因（2010）

我们注意到，欧内斯特·卡伦巴赫和迈克尔·菲利普斯并不主张全面取缔选举模式。他们认为参议院和代表院共存是合情合理的：参议院由选举产生，代表院由抽签产生。公民代表应由选举和抽签两种模式提供。"我们并不认为直接选出代表的想法是不切实际的。一旦抽签模式被人们广泛理解，那么它就会和之前促使投票权扩大的正义和公平理念一样，产生很强的吸引力。"[112]

近年来的著作优化了卡伦巴赫和菲利普斯的提议。英国政府收到了一些建议。安尼·巴雷特（Anthony Barrett）和彼得·卡蒂（Peter Carty）认为，英国上议院——西方唯一议员资格在某些情况下仍能世袭的上议院——应被民主化。巴雷特是政治网站 openDemocracy 的创始人，并定期为《卫报》（*The Guardian*）撰稿，卡蒂则一直在为《卫报》、《独立报》（*The Independent*）、《星期日独立报》（*The Independent on Sunday*）、《金融时报》（*Financial Times*）等多家英国一流报纸写作。不同于其美国同行，他们希望通过抽签产生上议院而非下议院。他们并不认为这一由抽签形成的机构应享有立法权；下议院必须进行足够多的立法监督。新的上议院——他们将其取名为"同侪院"（House of Peers）——应确保提案是明确的、有效的、合宪的。[113]他们意识到了这一变革的激进之处，但民主制应看得更为长远。他们写道："任何重要观点的生命都会经历三个阶段。首先，人们对其不以为然；随后，它会遭遇冷言冷语；最后，它成为常识而被广泛接受。"[114]

埃克塞特大学（The University of Exeter）研究员基思·萨瑟兰（Keith Sutherland）自称保守主义者，指出情况应正好相反：上议院应保持不变，而下议院应由抽签选出的议员组成，就像两位美国同行提议的那样。他也认为支付给公民代表一份慷慨的酬劳极为重要，并同其在英国的同行一样，提议不要将倡议权赋予抽签产生的机构。但他不知道是否应对代表的年龄、受教育程度以及能力设置最低条件。作为保守主义者，他建议抽签名单中只能有40岁以上的公民，因为更为年轻的人群的需求已经被大众传媒、党派政治和市场推广活动给予了充分考虑。不管持何种观点，这些学者的底线都是相当明确的："抽签是一切自称民主的政体的必要组成部分。"[115]

在法国，政治学家伊夫·辛多默（Yves Sintomer）提议，不要用一个抽签产生的机构取代国民议会或参议院，而应重新组建一个议院作为现有体系的有益补充。

他称其为第三院（Troisième Chambre），并指出其成员应在自荐的候选人中抽签选出。他还强调了合适的报酬以及提供信息的重要性。此外，抽签选出的议员应和选举选出的议员一样，有智囊团协助。辛多默并未明确指出应将何种权利赋予何人，但他建议第三院应重点关注生态、社会问题、选举法、宪法等需要长期规划的议题，而现有议院往往忽视了它们。[116]

德国教授胡贝图斯·布赫施泰因（Hubertus Buchstein）也主张增设一个议院，但他指的是一个跨国的而非国家的议院。他说，我们应建立一个由抽签挑选出的公民组建的欧洲议院（European Parliament），他称其为乐透院（House of Lots）：欧盟成员国按比例在全体成年人中抽签选出 200 名代表担任为期两年半的议员。被选中之人如未遭遇无法避开的阻碍，就必须出任议员。于布赫施泰因而言，组织条件和财政条件就是如此，没有人能以任何理由拒绝。对于英国学者们的观点他不以为然，认为乐透院应有权提议立法，还应有权提出建议甚至否决。这些都是影响深远的举措，但布赫施泰因认为应该施加压力，让人们做出决议，从而弥补欧洲在民主上的不足。[117]只有这样施压，人们才能指望欧洲进行高效且透明的决策。

在对比分析了以上几项提议后，我们有哪些值得注意之处呢？第一，它们涉及的都是法国、英国、美国、欧盟这样的大国或庞大组织的政体，抽签模式仅适用于城邦国家和小国的时代已然结束。第二，尽管著书者们存有较大分歧，但一致认为任期最长只能为几年，且应该向公民代表支付酬劳（能慷慨些当然更好）。第三，公民代表能力参差不齐的缺陷应由临时培训和专家支持予以弥补，就像现在的议会那样。第四，抽签机构和选举机构并非互不相干，而是相辅相成。第五，所有提案都指出，抽签仅适用于一个立法机构。

以抽签为基础的民主蓝图

2013 年春，美国研究员特里尔·布里西乌（Terrill Bouricius）在学术期刊《公共协商》（*Journal of Public Deliberation*）上发表了一篇极具吸引力的文章。布里西乌在其人生的过去二十年中一直作为一名当选政客在佛蒙特州工作。他在文章中追问道：之前那些提议能够在多大程度上实现？用抽签机构取代选举机构，可带来更

多的支持、更大的能量，但这样做就能给予民主制全新
的推动力吗？上述质疑可谓一针见血。理论上，人们认
为应该设立一个能代表全欧盟的抽签产生的欧洲议院，
但有多少立陶宛乡村面包店的女店主愿意歇业几年，前
往斯特拉斯堡担任乐透院的议员？又有几位马耳他的年
轻工程师会因为欧洲议院抽中了自己，就甘愿放下手中
颇具前景的项目去当三年的议员？有多少英国中部地区
的失业者愿意离开酒吧和朋友长达几年，就为了去和一
群素不相识之人捣鼓些法律条款？他们就算都想去，就
能很好地完成任务吗？这样的议院的确更具合法性
（因为更具代表性），但也更为高效吗？抑或大多数中
签者会编造种种借口，相互推诿，不去任职，所以代表
人民的任务会再度落在受到良好教育之人的肩上吗？依靠
抽签组建议院从而加强民主的提议听起来非常不错，却会
遭遇不计其数的艰难险阻。学者们想要每个人都拥有话语
权，最终却可能导致新的精英主义。如何在理想与现实间
达成和解呢？这些就是布里西乌的文章力图解决的问题。

布里西乌回顾了古雅典民主制并研究了其运转机
制，然后进一步追问道：将其移植到现实政治，会出现
怎样的结果？在古雅典的民主制中，抽签的使用范围不

第四章　良药

限于某一个机构，而是所有政府机构，从而建立了一个相互监督的制衡体系。"五百人议事会制定议程，为公民大会起草议案，预先审查提交至公民大会的议案，但不能通过法律。公民大会通过的法律可能会被陪审法庭推翻，但陪审法庭本身不能通过法律。"如此一来，决策过程被分散至多个机构（见图2B）。这看起来有些复杂，但有如下几个突出优点：

> 雅典通过将权力分散至多个抽签产生的机构和公民大会的自愿参与者，实现了选举产生的现代立法机构无法达成的三个重要目标：1. 立法机构相对而言更能代表公民；2. 在极大程度上避免了腐败以及政治权力的过度集中；3. 更多的相关人口拥有了参与政治生活与决策过程的机会。[118]

多体抽签制（multi-body sortition，这是布里西乌创造的术语）既可以提高效率，又可以增强合法性。

这样的制度在今天如何运转呢？我试着以图解形式呈现布里西乌提出的模式（见图3）。此图主要参考了他发表在《公共协商》上的那篇文章，他之前的研究以

议程设置委员会　　设置议程，选择立法议题

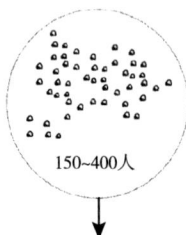

规模	150~400人，可以分成小组委员会
组成方式	从自愿报名的公民中抽签选出
工作时间	全职
轮换	三年（每年换1/3）；只能任职一届
报酬	有工资

利益讨论组　　就给定的议题提出立法建议

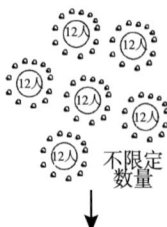

规模	每个小组12人；不限定小组数量
组成方式	自愿参加
工作时间	参与者想参加时即可参加
任期	到最后期限时利益讨论组自动解散
报酬	无

评审委员会　　根据专家和利益讨论组提供的信息整理法律提案

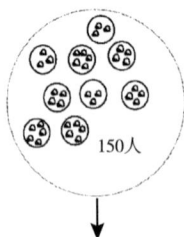

规模	150人，分为多个小组；每个小组负责一个公共政策领域；参与者无权选择小组，只能服从分配
组成方式	从志愿者中抽签产生
工作时间	全职
轮换	三年（每年换1/3）；只能任职一届
报酬	有工资，另有资助

政策陪审团 就新立法进行投票；在听取评审委员会的介绍说明后进行秘密投票表决

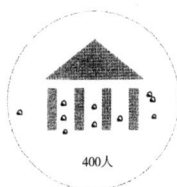

规模	400人（全员出席时的人数）
组成方式	从全体成年公民中抽签产生；强制性参与
工作时间	每次要针对一项提案进行为期一天或几天的投票
任期	一天到几天
报酬	按日计算，另有差旅费及其他补贴

规则委员会 制定规则以及立法程序

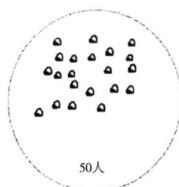

规模	约50人
组成方式	从志愿者中抽签选出（尽可能从已担任过其他委员会成员的志愿者中选出）
工作时间	全职（尤其在初期）
任期	三年（每年换1/3）；只能任职一届
报酬	有工资

监督委员会 监督立法过程，处理异议

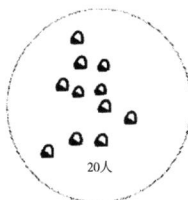

规模	约200人
组成方式	从志愿者中抽签选出
工作时间	全职
任期	三年（每年换1/3）；只能任职一届
报酬	有工资

图3　多体抽签制：以抽签为基础的民主蓝图

及我与他、他的同事大卫·舍科特（David Schecter）的邮件往来也提供了不少补充信息。在布里西乌看来，必须有 6 个机构，因为必须尽力调解利益冲突。他的研究方向是民主创新，所以他非常明白调解这些冲突的困难程度。人们希望通过抽签来获得更具代表性的、规模较大的样本，但同时不得不承认，人数较少的公民代表小组更便于开展工作；人们想要代表们快速地轮流任职以提高民众参与度，但同时又深知长任期可以带来更漂亮的工作业绩；人们想要有参与公共生活意愿的人都能参与，但也知道这样的做的结果是公民代表大多是受教育程度高、口才好但不具代表性的公民；人们希望民众共同商议探讨，但知道这会产生群体思维的风险，也就是很快就会达成共识；人们想要给予抽签产生的机构尽可能大的权力，但又清楚一些个体会对团队流程施加过多影响，这会带来一些专制的后果。

探寻过其他协商模式的学者必然也遭遇了这五大困境。这五个问题针对的分别是理想的小组规模、理想的任期、理想的选择方式、理想的协商办法以及理想的团体活力。布里西乌说，并不存在十全十美的制度，还是放弃这样的追求吧。他提出一个由多个机构组成的政府，各机构取长补短、相得益彰。

在他看来，与其将所有权力赋予一个抽签产生的机构，不如将立法工作细分为多个阶段。

第一阶段是确定议程。布里西乌提出由议程设置委员会（Agenda Council）来执行这一任务。这一规模庞大的机构从自愿报名的公民中抽选成员（与雅典的陪审法庭相似），随后提出议题，但不具备协商资格。如果未被抽中的公民希望商议某一议题，可在获得足够数量的其他公民的签名后将议题提上议程。

第二阶段是组建各式各样的利益讨论组（Interest Panels）。或许它们只涉及了部分利益，但数量也高达上百个。利益讨论组是由 12 名公民组成的小团体，每个小组都可以提出立法建议（或就法案的一部分提出建议）。其成员资格既不来自选举，也不来自抽签，公民只凭兴趣或利益就可自愿参加某一议题的讨论。小组的 12 个人互不相识，所以不会寻求共同利益，但它也可称作一个游说团体。不过这无关紧要：他们没有最终决定权，其建议要由其他机构评估。利益讨论组让普通民众可以借助经验丰富的专家们的能力，就公共政策提出具体意见。这一方法极大地提高了效率，例如交通安全的立法如果被纳入议程，那么讨论组可能由社区团体成员、赛车协会成员、公交车司机、交通规划部门人员、车祸受害儿童的父母、汽车协会成员等组成。

第三阶段：将全部建议提交至评审委员会（Review Panel）。每一个公共政策领域都应设置一个相应的评审委员会。例如，交通安全的立法提议由负责流动性的评审委员会进行评审。它们类似于目前各国议会中的委员会，本身没有立法权，也不能进行投票，像雅典的五百人议事会一样仅负责一些中间工作。根据布里西乌的设想，评审委员会从毛遂自荐者中随机选出约 150 名成员，被选中之人将负有重大责任。成员们的任期为三年，工作模式为全职，作为回报，他们将获得一份与议员目前工资大致相当的合理酬劳。他们不会一次性全部轮换，而是分批轮换，每年换 50 人。

为避免权力集中于评审委员会，需要有第四个至关重要的机构——政策陪审团（policy jury）。评审委员会将法律草案递交至政策陪审团，这是布里西乌模型中最引人注目的机构。它没有永久性的成员，每次要就一个提案进行投票表决时，随机抽选的 400 名公民会进行为期一天的投票活动。如遇特殊情况，他们的工作时间会长达好几天甚至一个星期。重点在于这些陪审员的产生方式是在全体成年公民中随机抽选，而不是在志愿者中选出；这让我们联想起诉讼中的公民陪审团机制。公民如被抽中，若无正当理由，就必须参与秘密投票，这对于确保公民代表的代表性极为关键。因此，参与者会获得相当可观的酬劳。政策陪审员们先听取评审委员会的法律草案，再聆听种种支持与反对的客观论证，最后进行秘密投票表决。他们不会探讨法律条文，不受政党规章约束，不会承受团体压力，无须考虑投票策略，也不需要做政治上的讨价还价，更不存在朋友情面。每个人都可以听从自己内心的声音，在布里西乌看来，这在长远上最有利于公共利益。为避免魅力型演说家影响他们的决定，法律草案会由不偏不倚的合作伙伴介绍说明。在这种情况下，一个良好的全社会代表性样本可以完全表达自己的意见，所以政策陪审团的决定是具有法律效力的。

　　为确保全过程的有序进行，布里西乌提出另外两个机构作为补充：规则委员会（Rule Council）和监督委员会（Oversight Council）。这两个团体的成员也是抽签选出的；前者负责创建抽签、听证、投票的程序，后者则负责敦促公职人员正确执行程序，并审查可能的抗议。因此它们具有政治元功能（fonction métapolitique），一个是游戏规则的制定者，一个是游戏规则的捍卫者。规则委员会的成员可从此前已被其他机构抽签选中的人中随机挑选，所以他们对整个运作过程了如指掌。

这一民主模式的独特之处在于它会演变发展。"一个关键的方面是整个部署不过是一个计划的开始……它会演变，就像规则委员会所希望的那样，"[119]布里西乌在一封通信中写道："我希望被设定为铁律的唯一规章是规则委员会绝不能掌握过多权力。因此，我们或许应制定这样一条基本准则：除非规则委员会的委员被全部替换，否则能够影响该机构的规则变化不能生效。"[119]布里西乌没有周详细致地预先构建一整套规则，而是提出了一个"自学"的体系。

这一设想的特别之处在于，人们长久以来在效率与合法性之间寻求平衡的孜孜追求，在这里变成了一个仅以抽签为基的体系。普通民众可以自荐参与 6 个机构中的 5 个，这无疑可以注入更多的活力（利益讨论组甚至都无须抽签，任何感兴趣的公民都可参与其中）。而最终的判决，即决策的终决权，掌握在政策陪审团（代表性样本）手中，这对于确保合法性至关重要。总而言之，任何自认有能力为社会服务之人都有机会参与协商讨论，但做出最终决策的是共同体。

在 18 世纪末，人们没有料想到可以在支持率和行动力上达成这样的平衡。美、法两国的革命者都认为公共事务极为重要，不能将其交予人民，进而都选择了贵族制的选举，把效率放在了合法性之前。我们现在都为此付出了代价：人民怨声载道，对选举代议制的合法性提出了强烈的质疑。

布里西乌的构想真是振奋人心。他展示了如何以完全不同的方式来推行民主。他借鉴了古雅典的制度，但在采纳其民主程序时又相当谨慎。他大量参考了关于协商民主的最新研究，详细分析了各国抽签式民主的经验，所以明白这些独特模式中可能存在的陷阱。他制定了一个制衡体系，以免国家掉入那些陷阱沦为集权制。最值得注意的是，他让政治生活重新回归人民：统治者和被统治者间的精英主义划分被彻底消除了。我们回到了亚里士多德的理想政体，即人人可以轮番做管理者和被管理者。

接下来我们要何去何从呢？学者们已经开展了杰出的溯源研究，政治哲学家们都做得非常出色，我们也已经进行了大量的创新实践，几项完美的提案也已经成形，其中以布里西乌的最具前景。下一步该做什么呢？

布里西乌的模式是可以演变发展的，但前提是它被落实，而如何从现有体系过渡到他提出的制度仍是未知。在一篇与同事大卫·舍科特共同完成的文章中，他提出这个模式可"以多种方式展开"：

1. 制定一部法律（就像不列颠哥伦比亚省的公民讨论会一样）。

2. 制定某一政治领域的全部法律（例如，一个领域极具争议性，所以选举产生的官员更愿意将它委托给公民；或者立法者在任期限制、薪酬、选举法等议题上存在利益冲突）。

3. 提高公民动议或全民公投的协商质量。

4. 用新机构替换选举产生的两院制议会。

5. 制定一个完整的立法过程，以取代选举立法。[120]

如果我们将这五个方面视为历史性变革的五个步骤，那会如何呢？为何不谨慎地开始，热情洋溢地结束呢？阅读布里西乌与舍科特的这篇文章时，我感觉这一过程已经以某种方式开始了。第一阶段在加拿大展开，第二阶段在爱尔兰上演，第三阶段持续时间最长且仍未结束。第四阶段和第五阶段是最具挑战性的，我们还没有向它们跨出步伐。要系统性地实践布里西乌的模式（第五阶段），现在还为时过早。除非面临革命的威胁，否则政党不会迅速解散，不会为多体抽签制让路，但展开第四阶段的时刻即将到来。

呼吁双代表制

民主制犹如泥土，它由时间塑造而成，其具体形式往往受到历史环境影响。作为一种协商占据中心地位的政体，民主对可使用的沟通方式极其敏锐。口语文化是古雅典民主制的一部分。19 世纪以及 20 世纪的选举代议民主制在印刷时代（报纸和其他单向媒体，如收音机、电视和因特网 1.0 等的时代）盛极一时。而现在，我们每个人都有表达的能力，而且沟通是快速、分散的，这带来了新的政治参与方式。什么样的民主制才适合我们这个时代呢?[121]

现在，全体公民都能表达自己的意见，都能在网上发言，当局应如何处理与公民的关系呢？首先，他们不应不信任公民，而应该与公民愉快地相处。因为在普遍存在于公民们的真实生活中及网上的愤怒背后，隐藏着一个积极的方面，即公民的介入。这是一份带刺的礼物。但如果当局对之冷眼相待，就会带来糟糕的后果。其次，当局要学会放手。不要为公民代劳一切，他们既不是孩子，又不是客户。在新千年之初，民与官之间的关系是更加横向的。

医生应学会处理与患者的关系，后者总是喜欢自己在网络上查找病症。虽然这起初似乎是成问题的，但现在变成了好事一桩：赋权可以促进患者的治愈。在政治领域，权力关系的改变也大体如此。过去，只要手握权力，就可以拥有话语权。但现在人们正是因为有了话语权才获得了权力。领导层不再是以人民的名义做出决策，而是与人民一起设定流程。如果政客把独立自主的人民当作选举的牲口来对待，那么人民就会像牲口一样活动；如果政客把人民当作成人，人民就会像成人一样行事。统治者与被统治者之间的关系不再是父母与子女间的关系，而是成人与成人间的关系。政客们应看看带刺铁丝网里的礼物，给予公民信任，认真对待他们的感情，珍视他们的经验；应邀请公民参与公共生活，赋予公民权利。为了让所有人享有平等的权利，我们应实行抽签。

我认为，再次采用抽签可以挽救民主制于全面危机之中。和选举一样，抽签并非灵丹妙药，也不是完美的药方，但它可以矫正现行制度中的部分缺陷。抽签并非有悖于逻辑，它建立在以下逻辑之上：自愿中立的程序能平均分配政治机会，还可以避免不和。如果在遴选时诉诸抽签，我们就可以降低腐败的风险，消除选举的狂热，加强对公共福祉的关注。抽签选出的公民或许不具备职业政客的才能，但他们拥有民主程序中至关重要之物：自由。归根结底，他们不用顾忌赢得选举或是再次当选等事务。

因此，在现在这个阶段，不将立法权全部交给选举产生的公民，而是把其中一部分分配给抽签挑选的公民，这是理智的。如果我们认为在刑事司法制度上可以实行抽签，那么在立法时为什么不可以呢？这可以在一定程度上恢复平静。选举产生的公民代表（我们的政客们）不再受商业媒体和社交媒体的驱使，而是与第二议会一起；第二议会毫不关心选举的狂热和关注度等问题，而是将共同和长远的利益放在首位，人们可以自由发言，但并不是因为这些人优于其他公民，而是因为形势让个人身上的长处得到了体现。

民主不是让最优者掌权的制度；那样的制度是贵族制，即使政客是选举出来的也一样。我们可以选择这种体制，但我们应该立刻改变对其的称谓。民主与之相反，给予不同的人话语权，民主制才能繁荣发展。而关键点是每个人做决策的平等权利，就像美国哲学家亚历克斯·格雷罗（Alex Guerrero）最近所说："就政治管辖权而言，每一个人都应有平等的参与权，以确定该政治机构将采取何种政治行动。"[122]简言之，就是一个人可以既为统治者又为被统治者，要有一个民有的政府、一个民享的政府，还要有一个民治的政府。

但我们离这个目标仍然很远。"公民们不具备这种能力。""政治，太难了！""白痴当权了！""贱民当权？当心！"如此等等。在继续前行之前，我们需要看看最常见的反对抽签的论点：未经选举产生的公民代表都是无能之辈。这种批评有其积极的一面，表明不少公民非常注重民主制的质量。如果国家的民主革新没有引起人民的质疑，国家就面临不幸，因为这意味着人民的忧国之情被海浪淹没，意味着他们被淡漠支配。人民不能对民主制度的未来展开冷静的讨论也是国家的灾难，因为这意味着人民都变得歇斯底里。

关于抽签的观点往往会引起人们的普遍恐慌，这表明实行了两个世纪的选举代议制与等级观念已使一种想法深入人心——它们让民众认为公共事务只能由出众之人管理。我在这里就一些反对意见做一些回应。

● 我们应意识到，今天用来反对抽签选出的公民的理由，基本与曾经用来反对农民、公民与女性应享有投票权的理由一样。在那时，反对者们宣称，如果那些人享有投票权，民主就会终结。

● 毫无疑问，选举出来的议会在技术能力上优于抽签产生的议会。但每个人都是自己生活中的专家。一个全由高水平但几乎不知道面包价格的法学家组成的议会又有什么好处呢？抽签可以让我们的立法机构拥有更具代表性的人口样本。

● 更何况，选举出来的人并非总是才能突出。否则他们为什么还需要助理、研究员以及研究部门

等？为什么部长们可以三天两头地调换部门？难道
不是因为他们身边有一个为其提供技术支持的专业
团队吗？

● 抽签选出的代表不会孤军奋战：他们可以邀
请专家，可以仰仗专业人士，还可以咨询公民们的
意见。此外，他们会有一段时间来熟悉工作，政府
部门也会为他们提供相关资料。

● 抽签选出的公民不必为党派活动、竞选运
动、在媒体前露面等烦心，所以相比选举选出的同
事，他们可将更多的时间用于立法议会。他们可以
全身心地专注于立法工作：熟悉各类材料，聆听专
家意见，并与其商量切磋。

● 每个人都有机会展现自己的才干与雄心。所
有自认为有能力承担重大行政责任的人，都可以向
议程设置委员会、评审委员会、规则委员会以及监
督委员会毛遂自荐。任何就某项立法有具体想法的
人都可以在利益讨论组中发言陈情。喜欢清静的人
如果被选中在一天或几天内参加政策陪审团也会欣
然接受，就和在不关注政治时去投票一样。

● 抽签选出的刑事审判陪审团证明，公民一

般而言非常看重自己的职责。害怕这种议会会不谨慎、不负责任是毫无根据的。我们如果认同 12 人的陪审团会尽心尽责地裁决该释放还是监禁一个公民，那么同样可以相信一个更大的团队会负责任地为共同利益服务，而且他们是具备这一能力的。

● 公民讨论会的种种经验表明，抽签选出的参与者往往竭尽全力，富有建设性，而且能提出洞察入微的建议。那么他们没有任何不足之处吗？当然不是。但选举代议制也有缺陷，其法律也难以做到周全完美。

● 游说团体、智库以及各类利益讨论组都能影响决策，但对于是否给予与政策最为休戚相关的普通民众最后决定权，我们犹疑不决。我们为何不承认这个事实？

● 此外，由抽签选出的公民组成的议会并非唯一的议会。在此类民主制中，立法将是抽签选出的公民代表和投票选出的公民代表共同合作的成果。白痴当权？人们当然可以坚持此点，但这些"白痴"不会成为专制统治者。

反对选举

　　在使用谷歌地图时，人们可以选择地图，也可以选择卫星照片；使用地图可以更好地规划路线，选用卫星照片则能更好地观察周边环境。民主也与之类似。人民代表就是一张社会地图，是复杂现实的一种简单化反映。由于未来的草图是根据这张地图绘制的（政治如果不是绘制未来，那又是什么呢?），所以这张社会地图应尽可能详尽细致，地形图和航拍照片应互为补充。今天我们应选择双代表制，即抽签与选举相结合的代表制。二者各有所长：政客以才干见长，而普通民众自由自在，无须忧心当选问题。所以，应选举模式和抽签模式双管齐下。

　　双代表制就是罹患"民主疲劳综合征"的诸国最好的药剂。当统治者和被统治者两种角色不再泾渭分明时，他们就不再那么相互不信任了。一方面，因为抽签而获得权力的公民了解了政治协商的复杂性（抽签有助于民主制成长）。另一方面，政客们发现自己轻视了民众，曾误以为民众不具备做出理性、积极的决策的能力。他们发现，如果民众从一开始就参与协商，一些法律就会更容易通过。一旦公共行动获得了更大力的支持，活力也就随之增强了。总之，双代表制无论对统治者还是被统治者都是一种良好的疗法。

或许这种双代表制会最终被一种完全依靠抽签的制度取代（布里西乌的第五阶段）。民主是一个持续发展并不断完善的过程。但就目前形势来说，这种抽签和选举的结合是最好的方法。它汲取了民粹主义传统的精华，即渴求真正的人民代表，但又没有陷入将人民视作单一群体的危险幻想。它融合了技术专家治国的优点，即重视非选举产生的技术专家，但并不给予专家们最终话语权。它继承了直接民主的优良传统，即注重参与协商的横向交流文化，但又拒绝了其反议会制的思想。它重新评估了经典代议民主制的最好方面，即正视让治理得以实现的选举代表的重要性，但又避免了与之相伴的对选举的盲目崇拜。双代表制结合了各种制度的长处，从而增强了合法性，实现了高效化：被统治者对政府的认同感越强，统治者就越能果断地行使权力。所以，双代表制能让民主之舟航行在更加平静的海面上。

这样的转型何时才能开始？就是现在。从何处开始？就从欧洲。为何？因为欧盟具有极大的优势。何以见得？因为欧盟为勇于动摇民主制根基、敢于进行变革创新的成员提供了保护。

政治变革总是一项冒险事业。从地方层面来说，直到国家政府对这样的活动明确表示鼓励支持，城市与市政委员会才会大范围地呼吁民众参与协商。而欧盟应想方设法刺激和鼓励成员国进行此类卓有成效的实验，毕竟欧盟是率先大规模地使用抽签选出代表并推行协商民主的机构。[123]此外，欧盟还将2013年命名为"欧洲公民年"。如果民主制在这么多成员国中都垮台了，那么欧盟的伟大民主理想又有何意义呢？

南欧的欧盟成员国（希腊、意大利、西班牙、葡萄牙和塞浦路斯）的民主危机唤醒了后民主的幽灵。在匈牙利和希腊，所谓的"秘密法西斯"（crypro-fascistes）运动很长一段时间以来都完全不是"秘密"。在意大利和希腊，专家治国论一时间大行其道。在荷兰和英国，民粹主义是民主制的重要组成部分。而在不久前，比利时在长达一年半的时间里没有政府。此类情况不一而足。

因此，在比利时首次实行双代表制具有重大的意义。其他欧盟成员国也出现了"民主疲劳综合征"的症状，但其严重程度都不及比利时：在2010年的选举后，比利时花费了 541 天来形成一个管理国家的团队，这绝对打破了世界纪录。此外，目前没有哪个国家比比利时更加具备采用抽签的良机。比利时自 2014 年以降一直没有通过直接选举产生参议院。从联邦层面来说，立法权从此就落在众议院肩上了。与此同时，很大一部分国家权力在近几十年被移交至更低的行政层级，如佛兰德斯大区、瓦隆大区、布鲁塞尔大区及德语区。[124] 为了各级政府可以相互沟通联系，参议院在向反省室的方向发展，也就是地区政府的会晤之地。如果说比利时参议院在以前类似于英国上议院，是比利时贵族阶层的专属之地，那么它现在更多是美国参议院那样的体现地区多样性的议会。在 60 名议员中，有 50 名来自地方议会，另外 10 位由推选产生。选举产生的参议员数量有所减少：在 1830 年，全体议员都是通过直接选举产生的；而今天的议员都不是选举出身，这为抽签挑选提供了可能性。随着各国相继修改宪法，民众逐渐熟悉了直接选举并非组建全国议会的绝对先决条件这一思想。如果说抽签代议民主制可以在欧盟成员国的某个机构实现，那它一定是近期经历过改革的比利时参议院。[125]

在实行双代表制后，比利时参议院完全可以仅由抽

反对选举

签挑选的公民代表组成，而众议院可以继续为选举产生的公民代表保留席位。我现在并不是要追问该有多少位议员、抽签该如何开展、这样组建的参议院该有哪些权力、议员的任期该为多长，以及支付给他们多少酬劳才算合理。更为重要的是研究如何逐步引入多体抽签制。有了欧盟的坚定支持，比利时的国家政府就可以在制定法律（例如确定联邦国家将保留哪些权力）时首次使用抽签。要做到这点，须组织几个利益讨论组、一个评审委员会以及一个政策陪审团，且政客应提前决定如何处理它们的协商结果：利益讨论组提交的建议是否具有约束力？它们何时能获得法律效力？

如果经验证明这一制度有效可行，那么抽签模式就可以推而广之，扩展至特定的政治领域，尤其是那些太过微妙以至于政党政治无法有效处理的领域（布里西乌的第二个阶段）。正因如此，爱尔兰的宪法大会才关注同性婚姻、妇女权益、渎神及选举法等问题。在比利时，人们则用宪法大会来处理环境问题、政治避难与移民问题以及不同语言群体的问题。要实现这一计划，就要组建议程设置委员会、规则委员会以及监督委员会，让公民协商讨论成为群岛般的政府的永久组成部分：在

· 166 ·

新型民主制度中，多个岛屿相互沟通，努力开创新局面。[126]在下一个阶段，政客将决定是否永久性地用抽签方式挑选公民参与协商讨论，并随之出台必要的新措施：参议院将被改革为由多个机构组成的立法机构（布里西乌的第四个阶段）。

比利时可以成为欧洲首个实行双代表制的国家。爱尔兰和冰岛都抓住了近些年经济和金融危机提供的机会，大胆地修改宪法，让普通民众更多地参与协商；比利时也应借助这些年的政治危机提供的契机，重振民主制度。其他国家也可以进行类似试验，它们包括：葡萄牙，它遭受着经济和金融危机，且作为一个年轻的民主制国家它尝试过参与式预算；爱沙尼亚，它也是一个年轻的民主制国家，面临着应赋予其国内少量俄罗斯族何种地位的巨大难题；克罗地亚，作为欧盟最为年轻的成员国，它大力支持公民参与协商和良好治理；荷兰，它举办过选举制度公民论坛（Electoral System Citizens Forum），有着公民参与协商的悠久传统（荷兰人称其为 polderen，字面意思是"开垦"，即寻求共识）；等等。我个人认为，从相对较小的成员国开始采用双代表制是更为明智与合理的。

　　现在看来，这一提议并不像最开始看上去那样极端脱离现实。一些抽签选出的公民已经获得权力，而在几年内，随机抽样的民意调查将被推行至欧洲各国，它们将从测量政治气候的中立晴雨表变成各政党用来调整应传达的信息的至关重要的政治工具。它们不仅能测量一个政党、一位政客或一项举措是否广受欢迎，而且本身就是政治事实。治理者赋予民意调查重大价值，决策者将其纳入考虑范围，所以它们能施展巨大的影响力。人们之所以提议使用抽签，不过是为了让已有的民主程序更加透明而已。

　　我们还在等什么？

结　论

　　本书前三章的论点是我们正在将民主局限于选举，正在摧毁民主，而选举从未被视作民主工具。在第四章中我探讨了如何将抽签——纵观历史，抽签是更为民主的工具——再次引入当今政体。

　　但如果不做改变呢？各国政府、政党以及政客们都提出："抽签确实不错，但我们这些年为人民做的事还不够多吗？难道我们没有想出不计其数的新民主工具吗？"他们所言非虚。在越来越多的国家，愤懑不满的人都可以向申诉专员提出控诉；有想法的公民时常可以通过公投表达自己的意见；征得了足够数量的其他公民签名的任何人，都可以将议题以"公民倡议"的形式提上议程。这些公民参政形式都是近几年才问世的，在此之前，政府主要与工会、理事会、委员会以及自己进行对话。

　　这些新型民主工具确实极具价值（尤其在有组织

的市民社会已经失去原有话语权的时期），但它们还远远不能满足所需。协商活动像放瓶装牛奶一样把人民的需求放在了立法者的门口，但仅此而已。公投让人民接住一项别人从窗户扔出来的、已经完全拟定好的法律提案，然后他们才可以无所顾忌地冲向自己喜欢的议案。公民和申诉专员间的对话在花园里展开，这离立法流程距离尚远。（可以将申诉专员看作政府雇用的园丁：他时不时地与邻居们闲聊一番，侧耳倾听他们的种种烦恼。）

这些工具当然都是新型的，但它们仍小心谨慎地将普通民众排除在外。立法机关的大门和窗户仍紧锁着，无人能自由进出，哪怕从其一旁的狗洞也无法进入。在当前经济和金融危机的背景下，这种对民众的恐惧应为我们响警钟。政治把自己关在高墙林立的城堡之中，战战兢兢地躲在里面观察着大街上的喧哗嘈杂，这绝非有益的态度，只会增加公民的不信任，并引起进一步的社会动荡。

如果不进行大幅度的调整，这一制度很快就会油尽灯枯。眼下，选民弃票率越来越高，政党成员们纷纷退党，普通民众对政客们不屑一顾，形成政府团队困难重重，政府运转效率低下，任期结束后选民严厉苛责，民粹主义、专家治国论以及反议会制大行其道，希求更高参与度的公民越来越多，而他们的向往之情越来越快地转变为沮丧失望。此刻，我们就该意识到，我们的民主机器已经出现了太多故障。然而，留给我们进行改革的时间非常有限。

解决办法相当简单：要么政治主动把大门完全敞开，要么愤怒的人民立马冲破大门，他们高喊着"没有代表权就不得征税"的口号，冲进来打碎民主制的家具，摘下权力的水晶吊灯。

这可绝非凭空捏造。在本书即将付梓之际，非政府组织透明国际（Transparency International）发布了《全球贪腐晴雨表》（Global Corruption Barometer），其调查结果让人震惊不已。该报告显示，各国政党是最为腐败的政治机构。在西方所有民主机构中，政党位列腐败贪污之榜首，而欧盟的相关数据也不堪入目。

这一现状还会持续多久？当然不会太久。如果我是政客，我会寝食难安。作为一名热情的民主主义者，我已感到难以成眠。这是一颗不定时炸弹，目前看来我们的国家似乎风平浪静，但这是暴风雨前的宁静，犹如

1850 年工人问题似乎已得到妥善解决时的宁静，即长期严重不稳定前的宁静。那时是要争取投票权，而现在是要为发言权而奋斗，但从本质上讲，两场战斗都要争取政治解放、民主参与。我们必须将民主非殖民化。我们必须将民主民主化。

　　还是那句话：我们还在等什么？

注　释

1. http://www. wvsevsdb. com/wvs/WVSAnalizeQuestion. jsp.

2. Eric Hobsbawm, *Age of Extremes: The Short Twentieth Century, 1914 – 1991*, Londres, 1995, p. 112. Traduction française: *L'Âge des extrêmes. Histoire du court XXe siècle*, 1914 – 1991, coéd. *Le Monde diplomatique*/Complexe, 1999, rééd. 2008).

3. Freedom House, *Freedom in the World 2013: Democratic Breakthroughs in the Balance* [La liberté dans le monde en 2013: un bilan des percées démocratiques], Londres, 2013, p. 28 – 29.

4. Ronald Inglehart, "How solid is mass support for democracy – and how can we measure it?" [Quelle est la fermeté du soutien de masse à la démocratie-et comment pouvons-nous la mesurer?], *PS Online*, www. apsanet. org, janvier 2003, p. 51 – 57.

5. 1999～2000 年,33. 3%的调查对象对"不必因议会或选举之事而费尽心思"的强大领导者持赞成态度;到 2005～2008 年时,这一比例增至 38. 1%。在公民的信任度方面,2005～2008 年,52. 4%的调查对象对政府几乎毫不信任,关于议会和政党的这一比例分别是 60. 3% 和 72. 8%。http://www. wvsevsdb. com/wvs/WVSAnalizeQuestion. jsp.

6. Eurobaromètre, *Standard Eurobarometer* 78: *First Results*, automne 2012, p. 14. http://ec. europa. eu/public_opinion/archives/eb/eb78/eb78_first_en. pdf.

7. http://www. eurofound. europa. eu/surveys/smt/3eqls/index. EF. php.

关于媒体、议会和政府的数据来自 2012 年的调查研究,关于政党的数据来自 2007 年的调查研究。

8. Peter Kanne, *Gedoogdemocratie. Heeft stemmen eigenlijk wel zin?* [La démocratie tolérée. Voter a-t-il encore un sens?], Amsterdam, 2011, p. 83.

9. Koen Abts, Marc Swyngedouw et Dirk Jacobs, "Politieke betrokkenheid en institutioneel wantrouwen. De spiraal van het wantrouwen doorbroken?" [Implication politique et méfiance institutionnelle. Rompre la spirale de la méfiance?], in Koen Abts *et al.*, *Nieuwe tijden, nieuwe mensen: Belgen over arbeid, gezin, ethiek, religie en politiek* [Temps nouveaux, hommes nouveaux: les Belges parlent du travail, de la famille, de l'éthique, de la religion et de la politique], Louvain, 2011, p. 173 – 214.

10. Luc Huyse, *De niet-aanwezige staatsburger* [Le citoyen absent], Anvers, 1969, p. 154 – 157.

11. Michael Gallagher, Michael Laver et Peter Mair, *Representative Government in Modern Europe*, Maidenhead, 2011, p. 306.

12. http://nl. wikipedia. org/wiki/Opkomstplicht ["Vote obligatoire"].

13. Koenraad De Ceuninck *et al.*, "Politiek is een kaartspel: de bolletjeskermis van 14 oktober 2012" [La politique est un jeu de cartes: la kermesse des ronds rouges du 14 octobre 2012], *Sampol*, n° 1, 2013, p. 53.

14. Yvonne Zonderop, "Hoe het populisme kon aarden in Nederland" [Comment le populisme a pu s'acclimater aux Pays-Bas], Creative Commons, 2012, p. 50.

15. David Van Reybrouck, *Pleidooi voor populisme* [Plaidoyer pour le populisme], Amsterdam, 2008, p. 23.

16. Michael Gallagher, Michael Laver et Peter Mair, *Representative

Government in Modern Europe, *op. cit.*, p. 311.

17. Paul F. Whitely, "Is the party over? The decline of party activ-
ism and membership across the democratic world" [Le parti est-
il dépassé? Le déclin du militantisme et de l'appartenance aux
partis à travers le monde démocratique], *Party Politics*,
vol. 17, n° 1, 2011, p. 21 – 44.

18. Ingrid Van Biezen, Peter Mair et Thomas Poguntke, "Going,
going, ⋯ gone? The decline of party membership in contem-
porary Europe" [Rien ne va plus? Le déclin de l'appartenance
aux partis dans l'Europe contemporaine], *European Journal of
Political Research*, n° 51, 2012, p. 33, 38.

19. http://nl. wikipedia. org/wiki/Historisch_overzicht_van_kabine-
tsformaties (Nederland) [Survol historique des formations de
gouvernements-Pays-Bas]. Voir également Sona N. Golder,
"Bargaining Delays in the Government Formation Process"
[Délais de négociation dans le processus de formation des
gouvernements], *Comparative Political Studies*, vol. 43, n° 1,
2010, p. 3 – 32.

20. Hanne Marthe Narud et Henry Valen, "Coalition membership
and electoral performance in Western Europe" [Participation aux
coalitions gouvernementales et résultats électoraux en Europe
occidentale], communication à la conférence 2005 de la Nordic
Political Science Association (NoPSA), Reykjavik, 11 – 13
août 2005. Voir également Peter Mair, "How parties govern"
[Comment les partis gouvernent], conférence à la Central
European University, Budapest, 29 avril 2011, http://www.
youtube. com/watch? v = mgyjdzfcbps, à partir de 27 : 50.

21. Deuxième Chambre des États-Généraux, *Vertrouwen en zelfvertr-
ouwen. Parlementaire zelfreflectie* 2007 – 2009 [Confiance du
public et confiance en soi. Autoanalyse parlementaire, 2007 –

2009〕, 31845, n° 2 – 3, 2008 – 2009, p. 38 – 39.

22. Ibid., p. 34.

23. Hansje Galesloot, *Vinden en vasthouden. Werving van politiek en bestuurlijk talent* 〔Trouver et savoir retenir. Recrutement de talents politiques et gestionnaires〕, Amsterdam, 2005.

24. Herman Van Rompuy, "Over stilte en leiderschap" 〔Silence et leadership〕, conférence donnée à Turnhout le 7 juin 2013, www. destillekempen. be.

25. 在之前的论文 *Pleidooi voor populisme* 〔Plaidoyer pour le populisme〕(Amsterdam, 2008)中,我主张的不是更少而是更好的民粹主义。民粹主义以一种笨拙的方式表达了受教育程度较低的公民希望参与政治的长久愿望。

26. Mark Bovens et Anchrit Wille, *Diplomademocratie. Over de spanning tussen meritocratie en democratie* 〔Démocratie diplômée. Des tensions entre la méritocratie et la démocratie〕, Amsterdam, 2011.

27. Cité dans Raad voor het Openbaar Bestuur (Conseil de l'administration publique), *Vertrouwen op democratie* 〔La confiance dans la démocratie〕, La Haye, 2010, p. 38.

28. John R. Gibbing et Elizabeth Theiss-Morse, *Stealth Democracy*: *Americans'Beliefs about How Government Should Work* 〔La démocratie furtive: les convictions des Américains sur le régime politique idéal〕, Cambridge, 2002, p. 156.

29. Sarah Van Gelder (éd.), *This Changes Everything*: *Occupy Wall Street and the* 99% *Movement* 〔Cela change tout: *Occupy Wall Street* et le mouvement 99%〕, San Francisco, 2011, p. 18.

30. Pour une excellente analyse: Tom Vandyck, "«Compromis», een nieuw vuil woord" 〔"Compromis", un nouveau gros mot〕, *De Morgen*, 11 juillet 2011, p. 13.

31. Ibid.

32. Lars Mensel，"Dissatisfaction makes me hopeful" ［L'insatisfaction me donne de l'espoir］，interview de Michael Hardt，*The European*，15 avril 2013.

33. Lenny Flank（éd.），*Voices from the* 99 *Percent*：*An Oral History of the Occupy Wall Street Movement* ［Des voix des 99% ：une histoire orale du mouvement *Occupy Wall Street*］，Saint Petersburg，Floride，2011，p. 91.

34. 关于"占领华尔街"运动的早期著作都非常自以为是。En dehors des recueils qu'ont rédigés Van Gelder et Flank，j'ai aussi lu Todd Gitlin，*Occupy Nation*：*The Roots*，*the Spirit*，*and the Promise of the Occupy Wall Street* ［La nation *Occupy*：les racines，l'esprit et la promesse du mouvement *Occupy Wall Street*］（New York，2012），et les textes du collectif Writers for the 99%，*Occupying Wall Street*：*The Inside Story of an Action that Changed America* ［L'occupation de Wall Street：histoire interne d'une action qui a transformé les États-Unis］（New York，2011）.

35. Sarah Van Gelder（éd.），*This Changes Everything*：*Occupy Wall Street and the* 99% *Movement*，*op. cit.*，p. 25.

36. Mary Kaldor et Sabine Selchow，"The «Bubbling Up» of Subterranean Politics in Europe" ［L'"éruption" de la politique souterraine en Europe］，London School of Economics and Political Science，juin 2012，p. 10.

37. Ibid.，p. 12.

38. Lénine，*L'État et la Révolution*：*la doctrine marxiste de l'État et les tâches du prolétariat dans la révolution*，Éditions sociales，Paris，1918 ［1975］，p. 68 – 71.

39. Chris Hedges et Joe Sacco，*Days of Destruction*，*Days of Revolt* ［Jours de destruction，jours de révolte］，New York，2012，p. 232.

40. Pierre Rosanvallon, *La Contre-Démocratie. La politique à l'âge de la défiance*, Seuil, Paris, 2006. La citation provient d'une interview avec Frank Meester, reprise uniquement dans l'édition néerlandaise, *Democratie en tegendemocratie*, Amsterdam, 2012.

41. Thomas Frank, "Occuper Wall Street, un mouvement tombé amoureux de lui-même", *Le Monde diplomatique*, janvier 2013.

42. Willem Schinkel, *De nieuwe democratie. Naar andere vormen van politiek* [La nouvelle démocratie. Vers d'autres formes de politique], Amsterdam, 2012, p. 168.

43. Stéphane Hessel, *À nous de jouer. Appel aux indignés de cette Terre*, Autrement, Paris, 2013, p. 63.

44. Christoph Mielke, "The German Pirate Party: Populists with Internet access or a game-changer for German politics?" [Le Parti des pirates allemand: des populistes avec l'accès à l'Internet ou un acteur qui change la donne dans le paysage politique allemand?], APCO / Forum, 2012, www. apcoworldwide. com/forum.

45. http://www. g500. nl.

46. Fiona Ehlers *et al.*, "Europe's lost generation finds its voice" [La génération perdue de l'Europe trouve sa voix], *Spiegel Online*, 13 mars 2013.

47. 例如,通过他们的"液体反馈"(*Liquid Feedback*)软件和"代表性"民主这一概念。

48. David Van Reybrouck, *De democratie in ademnood: de gevaren van electoraal fundamentalisme* [La démocratie menacée d'asphyxie: les dangers du fondamentalisme électoral], leçon inaugurale, chaire Cleveringa, université de Leyde, 28 novembre 2011.

49. Pierre Rosanvallon, *La Légitimité démocratique. Impartialité, réflexivité, proximité*, Seuil, Paris, 2008, p. 42.

50. Edmund Burke, "Speech to the Electors of Bristol" 〔Discours aux électeurs de Bristol〕, 1774, press-pubs. uchicago. edu/ founders/documents/v1ch13s7. html.

51. Jean-Jacques Rousseau, *Du contrat social.* Paris, 1762 (2005), liv. IV, chap. II, p. 261.

52. Lars Mensel, "Dissatisfaction makes me hopeful", *art. cit.*

53. Colin Crouch, *Post-Democracy*, Cambridge, 2004, p. 4.

54. Marc Michils, *Open boek. Over eerlijke reclame in een transparante wereld* 〔Livre ouvert. Une publicité honnête dans un monde transparent〕, Louvain, 2011, p. 100 – 101.

55. Jan De Zutter, "Het zijn de burgers die aan het stuur zitten" 〔Ce sont les citoyens qui sont aux commandes〕, interview de Jan Rotmans, *Samenleving en politiek* 〔Société et politique〕, n° 3, 2013, p. 24.

56. 对古雅典民主制的兴趣的再次兴起,可归因于一部对公元前 4 世纪的资料展开详细分析的著作,该著作为 6 卷本,其英文译本来自: M. H. Hansen, *The Athenian Democracy in the Age of Demosthenes* (Oxford, 1991)。

57. Bernard Manin, *Principes du gouvernement représentatif*, Calmann-Lévy, Paris, 1995, p. 125, 306 (édition de 2012).

58. Cf. bibliographie.

59. Aristote, *Politique*, 1294b9, 1294b33, 1317b1 – 4.

60. Terrill Bouricius, "Democracy through multi-body sortition: Athenian lessons for the modern day" 〔Démocratie par tirage au sort de plusieurs instances: leçons athéniennes pour l'époque moderne〕, *Journal of Public Deliberation*, vol. 9, n° 1, 2013, art. 11.

61. Miranda Mowbray et Dieter Gollman, "Electing the Doge of Venice: analysis of a 13th century protocol" 〔Élire le doge de Venise: analyse d'un protocole du XIIIᵉ siècle〕, 2007,

www. hpl. hp. com/techreports/2007/HPL – 2007 – 28R1. pdf.

62. Yves Sintomer, *Petite histoire de l'expérimentation démo-cratique. Tirage au sort et politique d'Athènes à nos jours*, La Découverte, Paris, 2011, p. 86.

63. Hubertus Buchstein, *Demokratie und Lotterie: Das Los als politisches Entscheidungsinstrument von der Antike bis zur EU* [Démocratie et Loterie: le tirage au sort comme instrument de décision politique, de l'Antiquité à l'Union européenne], Francfort, 2009, p. 186.

64. Montesquieu, *De l'esprit des lois*, t. I, liv. II, chap. II, Barrillot & Fils, Genève, 1748, p. 17 – 18.

65. Jean-Jacques Rousseau, 1762: *Du contrat social, ou Principes du droit politique*. Cité d'après le site classiques. uqac. ca/classiq-ues/Rousseau_jj/contrat_social/Contrat_social. pdf.

66. Bernard Manin, *Principes du gouvernement représentatif, op. cit.* , p. 108 (édition de 2012).

67. Montesquieu, *De l'esprit des lois*, *op. cit.*, p. 13.

68. John Adams, *The Works of John Adams*, Boston, 1851, vol. 6, p. 484.

69. James Madison, *Federalist Paper no.* 10, 1787, press-pubs. uchicago. edu/founders/documents/v1ch4s19. html.

70. Cité dans Francis Dupuis-Déri, *Démocratie. Histoire politique d'un mot aux États-Unis et en France*, Montréal, 2013, p. 138.

71. Ibid., p. 149.

72. Howard Zinn, *Geschiedenis van het Amerikaanse volk.* [L'histoire du peuple américain], Berchem, 2007, p. 117.

73. Cité dans Francis Dupuis-Déri, *Démocratie*, *op. cit.*, p. 87.

74. Pour une analyse en profondeur, cf. Howard Zinn, *Geschiedenis van het Amerikaanse volk*, *op. cit.*, et Francis Dupuis-Déri, *Démocratie*, *op. cit.*

75. James Madison, *Federalist Paper no.* 57, 1788, press-pubs. uchicago. edu/founders/documents/v1 ch4 s26. html.

76. Bernard Manin, *Principes du gouvernement représentatif*, *op. cit.*, p. 168 (édition de 2012).

77. Cité dans Francis Dupuis-Déri, *Démocratie*, *op. cit.*, p. 155.

78. Cité dans ibid., p. 141.

79. Ibid. , p. 112.

80. Edmund Burke, *Reflections on the Revolution in France* [Réflexions sur la Révolution de France], 1790, www. constitution. org/eb/ rev_fran. htm.

81. Daniel Amson, *Histoire constitutionnelle française. De la prise de la Bastille à Waterloo*, LGDJ, Paris, 2010, p. 235.

82. Cité dans Francis Dupuis-Déri, *Démocratie*, *op. cit.*, p. 156.

83. Cité dans Yves Sintomer, *Petite histoire de l'expérimentation démocratique*, *op. cit.*, p. 120.

84. Alexis de Tocqueville, *De la démocratie en Amérique*, 1835 (2012), liv. 1er, 1re partie, chap. VIII.

85. Ibid., liv. 1er, 2e partie, chap. VIII.

86. 我参考了: E. H. Kossmann, *De Lage Landen* 1780 – 1980, *deel* 1 [Les Pays-Bas du Nord et du Sud, 1780 – 1980, t. 1] (Amsterdam, 2001); Marc Reynebeau, *Een geschiedenis van België* [Une histoire de la Belgique] (Tielt, 2003); Rolf Falter, 1830. *De scheiding van Nederland*, *België en Luxemburg* [1830. La scission des Pays-Bas, de la Belgique et du Luxembourg] (Tielt, 2005); Els Witte, Jean-Pierre Nandrin, Éliane Gubin et Gita Deneckere, *Nieuwe geschiedenis van België*, *deel* 1: 1830 – 1905 [Nouvelle histoire de la Belgique, 1re partie: 1830 – 1905] (Tielt, 2005); Els Witte, Jan Craeybeckx et Alain Meynen, *Politieke geschiedenis van België*: *van* 1830 *tot heden* [Histoire politique de la Belgique: de 1830 à

nos jours〕（Anvers，2005）。

87. Rolf Falter, 1830. *De scheiding van Nederland, België en Luxemburg*, *op. cit.*, p. 203.

88. E. H. Kossmann, *De Lage Landen 1780 – 1980*, *deel 1*, *op. cit.*, p. 137.

89. John Gilissen, "La Constitution belge de 1831: ses sources, son influence", *Res Publica*, hors série, 1968, p. 107 – 141. Voir également: P. Lauvaux, "La Constitution belge aux sources de la Constitution de Tarnovo", in *L'union fait la force. Étude comparée de la Constitution belge et de la Constitution bulgare*, Bruxelles, 2010, p. 43 – 54; Asem Khalil, *Which Constitution for the Palestinian Legal System?*, Rome, 2003, p. 11.

90. Zachary Elkins, "Diffusion and the Constitutionalization of Europe", *Comparative Political Studies* 43, 8/9, 2010, p. 988.

91. J. A. Hawgood, "Liberalism and constitutional developments", in *The New Cambridge Modern History*, *vol. X: The Zenith of European Power*, 1830 – 70, Cambridge, 1960, p. 191.

92. Hendrik Conscience, *De Loteling* 〔*Le Conscrit*〕, Anvers, 1850.

93. James W. Headlam, *Election by Lot at Athens* 〔Élection par tirage au sort à Athènes〕, Cambridge, 1891, p. 1.

94. Francis Fukuyama, *The End of History and the Last Man*. New York, 1992, p. 43. Traduction française: *La Fin de l'Histoire et le dernier homme*, Flammarion, Paris, 1992.

95. David Holmstrom, "New kind of poll aims to create an «authentic public voice»" 〔Un nouveau type de scrutin visant à créer une "voix publique authentique"〕, *The Christian Science Monitor*, 31 août 1995; James S. Fishkin et Robert C. Luskin, "Experimenting with a democratic ideal: deliberative polling and public opinion" 〔Expérimentation d'un idéal démocratique: le scrutin délibératif et l'opinion publique〕, *Acta Politica*, 40,

2005, p. 287.

96. Daniel M. Merkle, "The National Issues Convention deliberative poll" 〔Scrutin délibératif de la Convention chargée d'examiner des problèmes nationaux〕, *Public Opinion Quarterly*, 60, 1996, p. 588 – 619.

97. John Gastil, *Deliberation at the National Issues Convention: An Observer's Notes* 〔Délibérations lors de la Convention chargée d'examiner les problèmes nationaux: notes d'un observateur〕, Kettering Foundation, 1996.

98. David Holmstrom, "New kind of poll aims to create an «authentic public voice»", *The Christian Science Monitor*, 31 août 1995.

99. 他不仅在加拿大、澳大利亚、北爱尔兰、丹麦、意大利、匈牙利、保加利亚、希腊、波兰、欧盟,而且在巴西、阿根廷、日本、韩国,以及中国大陆、中国澳门、中国香港组织了协商式民调。参见:www. cdd. stanford. edu。

100. Janette Hartz-Karp et Lyn Carson, "Putting the people into politics: the Australian Citizens' Parliament" 〔Faire entrer la population en politique: le Parlement australien des citoyens〕, *International Journal of Public Participation*, 3, 2009, p. 18.

101. Manon Sabine De Jongh, *Group Dynamics in the Citizens' Assembly on Electoral Reform* 〔Dynamique de groupe au sein de l'Assemblée des citoyens sur la réforme électorale〕, thèse, Utrecht, 2013, p. 53.

102. 我从 2012 年 12 月 13 日在鲁汶与卡蒂的谈话中产生了这一观点,他是不列颠哥伦比亚省公民讨论会研究中心的主任。

103. Manon Sabine De Jongh, *Group Dynamics in the Citizens' Assembly on Electoral Reform*, *op. cit.*, p. 53 – 55.

104. Lawrence LeDuc, "Electoral reform and direct democracy in Canada: when citizens become involved" 〔Réforme électorale

et démocratie directe au Canada : quand les citoyens commencent à participer], *West European Politics*, 34, 3, 2011, p. 559.

105. Ibid., p. 563.

106. John Parkinson, "Rickety bridges : using the media in deliberative democracy" [Des ponts branlants : l'utilisation des médias dans la démocratie délibérative], *British Journal of Political Science*, 36, 2006, p. 175 – 183.

107. Eiríkur Bergmann, "Reconstituting Iceland : constitutional reform caught in a new critical order in the wake of crisis" [Redonner une Constitution à l'Islande : la réforme constitutionnelle en phase critique dans le sillage de la crise], présentation à l'occasion d'une conférence, Leyde, janvier 2013.

108. http://en. wikipedia. org/wiki/Icelandic_Constitutional_Assembly_election,_2010.

109. *De Standaard*, 29 décembre 2012.

110. Antoine Vergne, "A brief survey of the literature on sortition : is the age of sortition upon us?" [Un bref aperçu de la littérature traitant du tirage au sort : l'ère du tirage au sort serait-elle arrivée?], in Gil Delannoi et Oliver Dowlen (éd.), *Sortition : Theory and Practice*, Exeter, 2010, p. 80. Vergne en a dénombré seize, mais ces derniers temps, plusieurs autres sont venus s'y ajouter.

111. 针对美国：Ernest Callenbach et Michael Phillips, *A Citizen Legislature* [Une législature des citoyens] (Berkeley, 1985; nouvelle éd. Exeter, 2008); John Burnheim, *Is Democracy Possible? The Alternative to Electoral Politics* [La démocratie est-elle possible? L'alternative à une politique électorale] (Londres, 1985, texte intégral en ligne); Ethan J. Leib, *Deliberative Democracy in America : A Proposal for a Popular Branch of Government* [Démocratie délibérative aux États-

Unis：proposition d'une branche populaire dans le régime politique］（ Philadelphie, 2005 ）；Kevin O'Leary, *Saving Democracy：A Plan for Real Presentation in America* ［Sauver la démocratie：plan pour une représentation réelle aux États-Unis］（Stanford, 2006）。针对英国：Anthony Barnett et Peter Carty, *The Athenian Option：Radical Reform for the House of Lords* ［L'option athénienne：réforme radicale de la Chambre des lords］（Londres, 1998；nouvelle éd. Exeter, 2008 ）；Alex Zakaras, "Lot and democratic representation：a modest proposal" ［Le tirage au sort et la représentation démocratique：une modeste proposition］, *Constellations*, 17, 3, 2010；Keith Sutherland, *A People's Parliament：A（Revised）Blueprint for a Very English Revolution* ［Un Parlement du peuple：projet （révisé） d'une révolution très anglaise ］（ Exeter, 2008 ）；Keith Sutherland, *What sortition can and cannot do* ［Le tirage au sort：ce qu'il peut ou ne peut pas faire］（2011, http：//ssrn. com/abstract = 1928927 ）。针 对 法 国：Yves Sintomer, *Petite histoire de l'expérimentation démocratique. Tirage au sort et politique d'Athènes à nos jours*（La Découverte, Paris, 2011 ）。针 对 欧 盟：Hubertus Buchstein, *Demokratie und Lotterie：Das Los als politisches Entscheidungsinstrument von der Antike bis zur EU* ［Démocratie et Loterie：le tirage au sort comme instrument de décision politique, de l'Antiquité à l'Union européenne ］（ Francfort-New York, 2009 ）；Hubert Buchstein et Michael Hein, "Randomizing Europe：The lottery as a political instrument for a reformed European Union" ［Pour une Europe aléatoire：la loterie comme instrument politique pour réformer l'Union européenne ］, in Gil Delannoi et Oliver Dowlen（ éd. ）, *Sortition：Theory and Practice*, *op. cit.*, 2010, p. 119 – 155。

112. Ernest Callenbach et Michael Phillips, *A Citizen Legislature*, Exeter, 1985（2008）, p. 67.

113. 这一观点与卡伦巴赫和菲利普斯的另一个不同之处在于，"同侪院"的 600 名成员中有数名政党代表。这些代表并非抽签产生，而是直接任命，他们是公民讨论会和政党之间的桥梁，这与爱尔兰的宪法大会有些相似。巴雷特和卡蒂追随他们的美国同行，建议在使用抽签时条件应尽可能吸引人（可观的报酬、给雇员的补贴），以取得尽可能强的多样性；但他们同时认为，若被抽中，参与并非强制性的，不能像服兵役或参加公民陪审团那样。

114. Anthony Barnett et Peter Carty, *The Athenian Option*: *Radical Reform for the House of Lords*, *op. cit.*, p. 22.

115. Keith Sutherland, "What sortition can and cannot do", *art. cit.*; voir aussi: Keith Sutherland, *A People's Parliament*: *A（Revised）Blueprint for a Very English Revolution*, *op. cit.*

116. Yves Sintomer, *Petite histoire de l'expérimentation démocratique. Tirage au sort et politique d'Athènes à nos jours*, *op. cit.*, p. 235.

117. Hubertus Buchstein, *Demokratie und Lotterie*: *Das Los als politisches Entscheidungsinstrument von der Antike bis zur EU*, *op. cit.*, p. 448.

118. Terrill Bouricius, "Democracy through multi-body sortition: Athenian lessons for the modern day" [Démocratie par tirage au sort de plusieurs instances: leçons athéniennes pour l'époque moderne], *Journal of Public Deliberation*, vol. 9, n° 1, 2013, art. 11, p. 5.

119. Courriel de Terrill Bouricius, 14 juin 2013.

120. Terry Bouricius et David Schecter, "An idealized design for the legislative branch of government" [Conception idéalisée de la branche législative d'un régime politique], *Systems Thinking World Journal*, 2, 2013, p. 1.

121. John Keane, *The Life and Death of Democracy*［Vie et mort de la démocratie］, Londres, 2009, p. 737.

122. Alex Guerrero, *The Lottocratic Alternative*［L'alternative lotocratique］, manuscrit en préparation, non publié.

123. *Meeting of the Minds*［Rencontre des esprits］en 2005, consultations européennes des citoyens en 2007 et 2009.

124. 这里其实指三个区域(佛兰芒语区、法语区和德语区)和三个地区(佛兰德斯大区、布鲁塞尔大区和瓦隆大区)。布鲁塞尔的官方语言有法语和荷兰语两种;而瓦隆的主要语言为法语,在其东部有一个德语区。

125. 这也出于以下原因:1. 作为一个小国,比利时很适合试验抽签模式(不算太远的旅行距离、首都地处国家中心、靠近欧洲的监管机构)。2. 考虑到有三种官方语言的存在,且首都有多语种并存,推行学者所称的"分裂社会中的协商民主"将面临巨大的挑战。3. 比利时有进行政治革新的传统,不仅有1831 年颁布的比利时宪法,还有关于种族灭绝、同性婚姻、安乐死的法律,这些法律的颁布都比很多欧盟成员国早十年。4. 人口的复杂构造使领先的宪法得以制定,如其中的加权表决制度此后也被其他欧洲国家使用。5. 在立法和宪法方面,比利时一直是欧洲其他国家的试验地。6. 政府和人民对创新的公民参与模式越来越熟悉;得益于一个强劲的市民社会(工会、雇主行会、青年运动、妇女运动、家庭组织、俱乐部和社团等)、各基金会和机构的工作、一些高水平的国际研究、多个专注于参与陪同的小公司以及诸多成功的公民参与形式(地方、省级和区域层面),民主革新不再是禁忌。

126. John Keane, *The Life and Death of Democracy*, *op. cit.*, p. 695 – 698.

致　谢

　　本书的写作缘起于 2012 年夏天的一次旅行。去年我自西向东穿越比利牛斯山时，被一场久久弥漫在山间的大雾困在了巴斯克一个名叫阿尔迪德的小村庄，在村里一所破旧的学校里，我邂逅了一本卢梭的《社会契约论》。他论述抽签的段落让我很是动容，于是我将其摘录到了日记中。在接下来的几个星期里，我走路时都在回味那些文字。正是在我爬山的漫长旅途中，它们为我搭建起了本书的框架。然而，本书不是"一个孤独的漫步者的遐想"，而是由我阅读、旅行以及聆听的经历交织而成的。

　　如果没有加入 G1000 公民峰会的那段经历，我不可能写作本书。2011 年 2 月我决定启动一个宏大的项目，以促进比利时公民参与政治，但当时完全没有想到它会发展得如此风生水起，也没有想到它能让我受益良多。所以，我非常感谢该组织背后非常鼓舞人心的团队。在此之前我们几乎素昧平生，但这个团队总是让我感受到温暖，让我看到他们的才干以及热情。专栏作家 Paul Hermants 最先让我对抽签模式产生兴趣。宪法学专家 Sébastien Van Drooghenbroeck 在我们初次见面时就跟我谈起马内的研究进展。我们的方法论学者 Min Reuchamps 和 Didier Caluwaerts 刚刚以研究协商民主的论文获得了博士学位，他们向我讲述了菲什金的实验。我们的竞选组织者 Cato Léonard 来自电信部门。在多次筹款活动中我们都乘坐汽车来回，途中她让我注意到"共同创造"和利益相关者的管理在商业活动中越来越重要。我充满渴望、满怀热忱地和他们交谈，这些记忆于我而言非常珍贵。此外，和 Benoît Derenne 的谈话也让我感到非常愉快。他是 G1000 公民峰会的法语发言人，而我是该组织的佛兰芒语发言人。他在创立后代基金会后，又在组织区域和欧洲层面的公民参与方面积累了大量的实践经验。作为一位瑞士裔比利时人，他经常有令人耳目一新的关于民主的想法，比如在一次会议上，他大声地自问道：为何不能通过抽签选出一些参议员？

此外，我还要感谢 G1000 公民峰会的诸多成员，

反对选举

他们分别是 Peter Vermeersch、Dirk Jacobs、Dave Sinardet、Francesca Vanthielen、Miriana Frattarola、Fatma Girretz、Myriam Stoffen、Jonathan Van Parys、Fatima Zibouh；他们不仅是优秀的交谈对象，也是我的知己好友。Aline Goethals、Ronny David、François Xavier Lefebvre 等也属于这类人，他们正在帮我分担重任。这篇致谢并非特意用于感谢这一项目成百上千的志愿者、数以千计的捐助者以及12000 余名同情者，但我仍想在此特别感谢2011 年公民峰会和2012 年公民讨论会的所有参与者。最重要的是，他们让我相信，公民能够且愿意携手合作，创建民主美好的未来。

　　早在2011～2012 学年于莱顿大学任教期间，我就开始构思本书了。作为荣誉教授，我被要求本着伟大而勇敢的 Rudolph Cleveringa 教授（他在1940 年发表了反对解雇有犹太血统的教职人员的言论）的精神，思考法律、自由以及责任等问题。我的就职演讲题目是"即将窒息的民主：'选举原教旨主义'的危险"。我还想要感谢 Deacons 学院，特别是已故的前考古系主任 Willem Willems 以及前院长 Paul van der Heijden，非常感谢他们的信任。我还要感谢 Honors 学院的全体学生，感谢他们对阿富汗等非西方国家的选举、民主化等问题的调查研究工作。此外，比利时学者 Philippe Van Parijs、Chantal Mouffe、Min Reuchamps、Paul De Grauwe 等让我有机会谈论自己的看法，我衷心地感谢他们。

在国外的旅行中，我有幸会见了诸多政治学家和民主活动分子。在荷兰，Josien Pieterse、Yvonne Zonderop、Willem Schinkel 让我受益匪浅。德国的 Carsten Berg 和 Martin Wilhelm、奥地利的 Carl Henrik Frederiksson、法国的 Inga Wachsmann 和 Pierre Calame、克罗地亚的 Igor Štiks 和 Srećko Horvat，以及马来西亚的 Bernice Chauly 和 A. Samad Said 都给我留下了深刻印象。A. Samad Said 是全国的偶像、一位传奇的诗人兼持不同政见者，尽管已是 80 岁高龄，他仍在为民主不屈不挠地战斗。

我并不是一位看不起政客的公民。事实上，我发现仔细聆听像比利时参议院前议长 Sabine de Bethune 或荷兰下议院前主席 Gerdi Verbeet 这样的人从政治实践的角度讲述民主是很有启发的。在筹备本书的过程中，我与多名经验丰富的比利时政客进行了长时间的交谈。Sven Gatz、Inge Vervotte、Caroline Gennez、Jos Geysels 和

Hugo Coveliers 在分享他们的经历时相当慷慨。我在本书中并未直接引用他们的言论，因为本书超越了比利时的语境，但他们与我分享的内容拓宽了我的视野，所以我对他们满怀感激之情。

很多人都对我的提问给予了回答，他们分别是 Marc Swyngedouw、Marnix Beyen、Walter Van Steenbrugge、Filip De Rynck、Jelle Haemers、Fabien Moreau、Thomas Saalfeld 和 Sona N. Golder。此外，我与 Kenneth Carter 就不列颠哥伦比亚省改革选举法的公民讨论会交换了观点，他是本次公民讨论会研究工作的领头人。我与 Eiríkur Bergmann 和 Jane Suiter 的接触也同样美妙，他们与冰岛的宪法议会和爱尔兰的宪法大会有着密切联系。我特别感谢布里西乌和舍科特，感谢他们与我通过电子邮件就多体制抽签制进行持续交流。

Peter Vermeersch、Emmy Deschuttere 和 Luc Huyse 阅读了本书书稿，并一如既往地提供了他们富有洞察力的评论，这让我非常高兴。同他们的友谊弥足珍贵。Charlotte Bonduel 帮我做了线上研究工作，并汇编了大量的数据，能与她一同工作我深感欣慰。Wil Hansen 再次担任了我的编辑，事实证明，他是一位了不起的顾

致 谢

问。在一个晴朗的日子里，他在我的工作室里向我建议了本书书名。他想到了苏珊·桑塔格的《反对阐释》和费耶阿本德的《反对方法》，然后我们在仔细斟酌后选用了"反对选举"这个词组。

2013 年 7 月于布鲁塞尔

图书在版编目（CIP）数据

反对选举／（比）达维德·范雷布鲁克著；甘欢译
. --北京：社会科学文献出版社，2018.7
ISBN 978 - 7 - 5201 - 2878 - 0

Ⅰ.①反… Ⅱ.①达… ②甘… Ⅲ.①选举制度 - 研
究 - 世界 Ⅳ.①D521

中国版本图书馆 CIP 数据核字（2018）第 120905 号

反对选举

著　　者／〔比利时〕达维德·范雷布鲁克（David Van Reybrouck）
译　　者／甘　欢

出 版 人／谢寿光
项目统筹／董风云　段其刚
责任编辑／沈　艺　廖涵缤

出　　版／社会科学文献出版社·甲骨文工作室（010）59366551
　　　　　地址：北京市北三环中路甲29号院华龙大厦　邮编：100029
　　　　　网址：www.ssap.com.cn
发　　行／市场营销中心（010）59367081　59367018
印　　装／北京盛通印刷股份有限公司

规　　格／开　本：889mm × 1194mm　1/32
　　　　　印　张：6.25　字　数：100千字
版　　次／2018年7月第1版　2018年7月第1次印刷
书　　号／ISBN 978 - 7 - 5201 - 2878 - 0
著作权合同
登记号　　／图字01 - 2014 - 7416 号
定　　价／49.00 元